張彭春清華日記

（1923-1924）

The Tsing Hua Diaries of Chang Peng-chun, 1923-1924

民國日記｜總序

呂芳上
民國歷史文化學社社長

　　人是歷史的主體，人性是歷史的內涵。「人事有代謝，往來成古今」（孟浩然），瞭解活生生的「人」，才較能掌握歷史的真相；愈是貼近「人性」的思考，才愈能體會歷史的本質。近代歷史的特色之一是資料閎富而駁雜，由當事人主導、製作而形成的資料，以自傳、回憶錄、口述訪問、函札及日記最為重要，其中日記的完成最即時，描述較能顯現內在的幽微，最受史家重視。

　　日記本是個人記述每天所見聞、所感思、所作為有選擇的紀錄，雖不必能反映史事整體或各個部分的所有細節，但可以掌握史實發展的一定脈絡。尤其個人日記一方面透露個人單獨親歷之事，補足歷史原貌的闕漏；一方面個人隨時勢變化呈現出不同的心路歷程，對同一史事發為不同的看法和感受，往往會豐富了歷史內容。

　　中國從宋代以後，開始有更多的讀書人有寫日記的習慣，到近代更是蔚然成風，於是利用日記史料作歷

史研究成了近代史學的一大特色。本來不同的史料，各有不同的性質，日記記述形式不一，有的像流水帳，有的生動引人。日記的共同主要特質是自我（self）與私密（privacy），史家是史事的「局外人」，不只注意史實的追尋，更有興趣瞭解歷史如何被體驗和講述，這時對「局內人」所思、所行的掌握和體會，日記便成了十分關鍵的材料。傾聽歷史的聲音，重要的是能聽到「原音」，而非「變音」，日記應屬原音，故價值高。1970年代，在後現代理論影響下，檢驗史料的潛在偏見，成為時尚。論者以為即使親筆日記、函札，亦不必全屬真實。實者，日記記錄可能有偏差，一來自時代政治與社會的制約和氛圍，有清一代文網太密，使讀書人有口難言，或心中自我約束太過。顏李學派李塨死前日記每月後書寫「小心翼翼，俱以終始」八字，心所謂為危，這樣的日記記錄，難暢所欲言，可以想見。二來自人性的弱點，除了「記主」可能自我「美化拔高」之外，主觀、偏私、急功好利、現實等，有意無心的記述或失實、或迴避，例如「胡適日記」於關鍵時刻，不無避實就虛，語焉不詳之處；「閻錫山日記」滿口禮義道德，使用價值略幾近於零，難免令人失望。三來自旁人過度用心的整理、剪裁、甚至「消音」，如「陳誠日記」、「胡宗南日記」，均不免有斧鑿痕跡，不論立意多麼良善，都會是史學研究上難以彌補的損失。史料之於歷史研究，一如「盡信書不如無書」的話語，對證、勘比是個基本功。或謂使用材料多方查證，有如老吏斷獄、法官斷案，取證求其多，追根究柢求其細，庶幾還原

案貌，以證據下法理註腳，盡力讓歷史真相水落可石出。是故不同史料對同一史事，記述會有異同，同者互證，異者互勘，於是能逼近史實。而勘比、互證之中，以日記比證日記，或以他人日記，證人物所思所行，亦不失為一良法。

從日記的內容、特質看，研究日記的學者鄒振環，曾將日記概分為記事備忘、工作、學術考據、宗教人生、游歷探險、使行、志感抒情、文藝、戰難、科學、家庭婦女、學生、囚亡、外人在華日記等十四種。事實上，多半的日記是複合型的，柳貽徵說：「國史有日歷，私家有日記，一也。日歷詳一國之事，舉其大而略其細；日記則洪纖必包，無定格，而一身、一家、一地、一國之真史具焉，讀之視日歷有味，且有補於史學。」近代人物如胡適、吳宓、顧頡剛的大部頭日記，大約可被歸為「學人日記」，余英時翻讀《顧頡剛日記》後說，藉日記以窺測顧的內心世界，發現其事業心竟在求知慾上，1930 年代後，顧更接近的是流轉於學、政、商三界的「社會活動家」，在謹厚恂恂君子後邊，還擁有激盪以至浪漫的情感世界。於是活生生多面向的人，因此呈現出來，日記的作用可見。

晚清民國，相對於昔時，是日記留存、出版較多的時期，這可能與識字率提升、媒體、出版事業發達相關。過去日記的面世，撰著人多半是時代舞台上的要角，他們的言行、舉動，動見觀瞻，當然不容小覷。但，相對的芸芸眾生，識字或不識字的「小人物」們，在正史中往往是無名英雄，甚至於是「失蹤者」，他們

如何參與近代國家的構建，如何共同締造新社會，不應
該被埋沒、被忽略。近代中國中西交會、內外戰事頻
仍，傳統走向現代，社會矛盾叢生，如何豐富歷史內
涵，需要傾聽社會各階層的「原聲」來補足，更寬闊的
歷史視野，需要眾人的紀錄來拓展。開放檔案，公布公
家、私人資料，這是近代史學界的迫切期待，也是「民
國歷史文化學社」大力倡議出版日記叢書的緣由。

尋訪 1920 年代一位知識分子的足跡
《張彭春清華日記》導讀

呂芳上
中央研究院近代史研究所兼任研究員

一、張彭春和《張彭春清華日記》

歷史不會重演，但歷史可以重建，重建的基礎來自原始、可信的史料。

1928 年 8 月，清華學校改為清華大學（「清華改大」），在此之前有一段醞釀的過程。當時的校長曹雲祥（1881-1937）之外，清華改大的關鍵人物是教務主任張彭春。這套日記正是記錄這段清華校史重要階段的珍貴史料。

張彭春（1892-1957），又名蓬春，字仲述，天津人，是南開大學張伯苓校長令弟，兄弟二人差 16 歲，其父張久庵 59 歲才生彭春，故乳名「五九」，人又稱之為「九爺」、「九先生」。1904 年入嚴修（範孫）、張伯苓創辦的私立中學堂（南開學校前身），與後來擔任過清華校長的金邦正、梅貽琦等，同屬第一屆學生。1910 年，張彭春考取清華第二屆庚款游美資格，與胡適、梅貽琦、竺可楨、趙元任等同榜。旋入美國克拉克大學（Clark University），獲文學士學位。1915 年，獲哥倫比亞大學（Columbia University）文學與教育學

雙碩士學位。次年回國，協助張伯苓拓展南開學校校
務。1919 年，再赴美入哥倫比亞大學，在學期間，曾
任哥倫比亞大學中國教育研究會會長，1922 年取得博
士學位，他的博士論文是〈從教育入手使中國現代化〉
（Education for Modernization in China）。這一年下半
年，應中華教育改進社之邀，前往歐洲考察各國教育
制度，回國後先到南開，1923 年 5 月起，由津赴京，
出任清華學校教務長，直到 1926 年 2 月初辭職。其後
任南開中學主任、南開大學教授。1929 年三度赴美講
學，抗戰爆發返國，從事國民外交，擔任第一屆國民
參政會參政員。1940 年起，先後出任國民政府駐土耳
其、智利公使、中國駐聯合國經濟及社會理事會代表、
聯合國安全理事會中國代表。1948 年任聯合國人權委
員會副主席，參與起草「世界人權宣言」，1957 年在
美病逝。綜合張彭春一生事業放在三個領域：一由教育
促成中國走向現代化，特別注意大學與中學教育的研究
與革新；二對話劇、京劇藝術的推展；三是外交活動。
這一套日記對第一、二項均有涉及，不只可看到張彭
春個人活動紀錄，更可以看到 1920 年代，一個轉型時
代，新知識分子改造社會的動向。

　　《張彭春清華日記》，原藏美國哈佛大學哈燕社
漢和圖書館（Chinese-Japanese Library, Harvard-Yenching
Institute at Harvard University），即後來一般人習稱的
「哈佛燕京圖書館」。依印記，入館典藏時間是 1965
年 1 月，應是張彭春過世後數年間的事。日記以毛筆
書寫，分別使用過商務印書館「記事珠」、南開學校

日記、清華學堂及清華學校稿紙。原分裝 29 冊，每冊約 50 頁，後合訂為三冊共 803 頁。日記原名「日程草案」，起於 1923 年 1 月 30 日，止於 1925 年 12 月 31 日，時值張彭春 31 至 33 歲時。此一日記並不完整，甚至大量亡佚，例如 1923 年 5 月 20 日至同一年 6 月 25 日、1924 年 3 月 1 日至 1925 年 2 月 18 日，資料全都散失，無可彌補，終是史學研究憾事。

　　張彭春日記，原名「日程草案」，他自己說：「每早第一件事：計畫本日事程，『日記』不記已過的事，『日程草案』是計畫未來的事的。」（1923.1.31《張彭春清華日記》）事實上，日記中固然充滿許多未來行事想法，但也不乏過往行事的反省與檢討。他的日記除了記錄很多諸如南開、清華學校發展的公事，個人私事，甚至心事，一樣占有很大的份量，日記中用「B」或「五哥」稱呼其兄張伯苓，以「W」作妻子（蔡秀珠）的代號，內容有很多發牢騷或自嘆之語。1923 年 7 月 16 日有這樣的記述：「我的性情向來不能以厚意聯絡人。我自己好靜，好自己思考，不能作政治的活動。見人多，說些無味的客套話，我就不耐煩了。論到作領袖，我不能與人接近，作自然的友伴。有人一定想我遠而冷，多批評，好懷疑。群眾式的領袖，我沒有這樣才。我的態度容易讓人覺著我驕傲。這亦是我的大病之一，『傲』！」冷傲，很可能是他事業成敗的關鍵，清華校長職位擦身而過，因素之一，正是他給人孤傲印象。張彭春也有傳統讀書人記日記的習慣，過段日子會重讀舊日記，其用心是在自省、自惕，求道德、修養的

增進，這時期的知識分子是新亦舊。

　　學界較早利用張彭春日記作為史料而有相當成果的
是中央研究院近代史研究所的蘇雲峰教授，他的大學
研究名著《從清華學堂到清華大學，1911-1929》[1]討論
「清華改大」的過程，基本上是以此日記作為關鍵史
料，的確提供了過去清華校史中的若干闕漏，足見此一
日記的重要性。

二、「清華改大」的醞釀

　　張彭春的清華日記雖僅有為數兩年多的殘缺紀錄，
除了有關張彭春早期在清華活動資料外，同時反映不少
1920 年代教育界、知識界活動的重要訊息。

　　張彭春出身美國知名的哥倫比亞大學師範學院，
前半生以教育推動中國走向現代化為使命，他自已
說：「教育事業是擇定的！」「我的事業是『誠意
為青年，產出新國家，新文化』。這是我的宗教」
（1923.12.27、1923.11.15《張彭春清華日記》）。自
1916 年到 1938 年，他不是在清華，便是在南開擔任教
育行政或教授職務。1923 年到 1926 年在清華任教務主
管時，正逢學校轉型，角色突出。他對 1920 年代的清
華有相當的認識：他說清華在北京有較多知名學者，有
好的圖書館，校園好、空氣新鮮，這些是優點；錢多是
優點也是弱點；缺乏切磋精神，離中國生活實狀過遠，

1　蘇雲峰，《從清華學堂到清華大學，1911-1929》（北京：生活・
　　讀書・新知三聯書店，2001）。

有階級社會的臭味則是弱點。（1923.3.23《張彭春清華日記》）在「大學熱」當兒，張彭春認為「清華改大」十分迫切，辦「大學部」以便在地為中國造人才，避免學校永遠只是留美的預備學校、待候出洋性質，因此這是通地氣的對症下藥之方。為此，他提出具體的清華教改方針：（一）辦學校與派留美，分清為兩項事業；（二）學校變大〔學〕校，課程純依中國情形規定，不為預備出洋所影響。（三）派留學應公開考試，清華大學畢業生與其他大學畢業生有同等報名投考的權利。（1923.4.9《張彭春清華日記》）同年五月，張彭春到清華，七月初就任教務長，與梅貽琦商定邀莊澤宣、戴志騫、Heinz 等九人組織課程委員會，開始作清華改造事業。他很想在中國傳統文化教育基礎上「作一個真中國的新教育試驗。使他能合『新的所以新』與『舊的所以舊』在一起，產出一種新教育制度來。」（1923.10.7《張彭春清華日記》）

張彭春深切知道改革清華並不容易，一開始就「三面受敵」，並碰到「六大難關」。他說以敵視眼光看他的，指學生、校長和教員；所謂六大難關除了上述的校長、校內學生、校外畢業生、教師外，他憂心董事部（會）改組案、財政問題、邀名學者來校助陣問題無法解決。（1923.11.28、1923.11.25《張彭春清華日記》）當時校長是曹雲祥（任期自1922年4月至1928年1月），雖屬「外交系」人馬，對張彭春的改革事業還算

支持。[2] 倒是董事會由外交部主導，又因庚款得仰仗美
國勢力的鼻息，被視為學校改革的絆腳石；清華學生、
畢業生和教職員結合外力，涉及已有受益者及權力、利
權的重分配，會形成改革阻力也是事實。張彭春的策略
是改革放緩腳步、各事開誠布公，倒也算是平穩想法。
不過，他又節外生枝，認為清華待遇太優沃，要為清華
教職員「減肥」，並由自我「減薪」作示範，事涉既得
利益者，牽動人性弱點，徒陷清華教改困境。

　　張彭春在清華教務主任任內，的確沒能完成改革校
務心願，例如他主張清華董事會改組，因政局變動如走
馬燈，北京政府高層無暇及此，主其事的外交部，不願
權益外移，更不會主動計及「政治的歸政治、教育的
歸教育」，看來只有再待一場政治大變動，才能實現。
到1928 年，羅家倫的清華改隸，似乎就顯得十分順理
成章了。屬外交系的校長曹雲祥是政治官僚，其志不在
教育，北京政府一有風吹草動，他就難安其位，因而
1924、1925 年間，風傳曹校長要追隨顧維鈞、追隨顏
惠慶赴英、出國任外交官、調外交部高陞的說法，不絕
於耳，於是繼長有望的張彭春，也左右搖擺，陷入幫
派競逐的漩渦，加上教育界外來黨系攪局，至 1926 年
初，人不和、事不順，希望破滅，心灰意冷，終致辭去
清華職務，打道回南開。

　　事實上，張在清華任上兩年多，的確也為清華轉型

2　參見蘇雲峰，〈曹雲祥：清華改制升大和教授治校的奠基者〉，
　　《近代中國歷史人物論文集》（台北：中央研究院近代史研究所，
　　1993），頁 563-579。

的醞釀做了基礎工作，例如清華大學組織大綱、清華大學課程大綱、清華研究院草案，均是他主動擬就的。在1925年2月，清華校務改組，張彭春綜理全校的教務長職務被撤廢，改為「研究院」、「專門科」、「普通科」三主任制，張彭春出任教務主任，自視為在清華教改事業的一大挫折。10月7日的日記中，他氣憤不平的說：「改造清華的思想大半出於我。因為文字不便，都讓別人用為己有去了。所謂研究院、專門科草案都是我擬的。現在用我意思的人，一點也不承認誰是產生他們的！人情如此，已是可氣。再不用文字發表出來，那就要被氣悶死！」清華大學研究院於1925年9月9日正式成立，即後來習稱的「清華國學院」，首位主任是吳宓，這時專門科主任是莊澤宣，與張彭春鼎足而三，三主任的權力過去是由教務長張彭春統包的，如今被削權只管普通科，不無悵然。

三、「教育政治」：1920 年代的學界派系管窺

政界有派系，人所週知，學術界、教育界也有派系，常成興風作浪的勢力，姑名之曰「教育政治」。1920年代學界掀波的由來與力量，在張彭春日記中可得一二。

1923年，張彭春到北京清華園的目的，是想在清華產出新大學、新精神，以推動「新君子教育」，好好培育年輕一代新中國領袖人才。（1923.10.2、1925.5.28《張彭春清華日記》）理想可謂遠大，但無風不起浪，風從那裡來？張彭春致力清華改制過程，草擬改大的章

程、計劃改組董事會、規劃大學與出洋學生分立諸事，
無不涉及複雜的經費分配和盤根錯結人事問題。清華靠
庚款，錢多，人多覬覦，這就應該是第一陣「風」。
1925 年 8 月 31 日，張彭春日記說：「清華經費充足。
薪金比其他學校都大，並每月必可拿到。住處的舒服是
全國無雙的。那裡有這樣的田園、林沼、泉水、洋房？
如此好環境，如何別人不窺視，不妒嫉，不設法攻擊、
批評、拆毀？」從這兒出發，他想到要公平、正義，具
體的作法是教職員減薪、改組作人傀儡的董事會、清華
學生不再獨享公費出洋等，無不與個人利益攸關，派系
成形，改革阻力隨之而至。

　　和錢相關的是「權」（位置），這是第二陣「風」。
這緣於清華隸屬外交部管轄，1920 年前後北洋政局如
走馬燈，外長或內閣總理一有變動，往往使清華校長
難安其位，1924 年後屬外交部系統的曹雲祥校長即如
此。[3] 雖然張彭春屢屢撇清無代理或接任校長意願，但
日記又每每透露他的權力慾望。於是個人布局、友人附
和，「對立者」成形，黨系影子遂告浮現。

　　在這些背景下，日記中呈顯了學界這樣的派系
圖景：
（1）東南集團。有東南色彩之郭秉文、黃炎培（日記
中以「鄭」代二人），其後加上陶行知，他們的平民教

3　民初清華校長的替換頻繁：唐國安 1912.10-1913.3，周詒春
　　1913.10-1918.2，趙國材 1918.2-1918.7，張煜全 1918.7-1920.1，
　　嚴鶴齡 1920.2-1920.8，金邦正 1920.9-1922.4，曹雲祥 1922.4-
　　1928.1，溫應星 1928.4-1928.6，羅家倫 1928.8-1930.5。參考蘇雲
　　峰，《從清華學堂到清華大學，1911-1929》，頁 58。

育促進會，或中華教育改進社，被看成南方「教育」勢
力，想染指清華。張彭春鄙視他們是搞教育行政，苟苟
蠅營於權力之爭者，並直接指斥郭、黃、陶為「教育
督軍」、「小教育政客」，背後有美國勢力作靠山。
（1923.8.10《張彭春清華日記》）

（2）主導董事會的「外交系」。北京政府外交部官僚
為主，原以聖約翰大學畢業之外交官為多，也與美國關
係密切，[4]他們控制學校撥款、影響校長任命。張彭春
知道「『外交系』不願舍開管轄權！不要作夢！在『外
交系』下弄幾年舒服飯吃倒可以辦到，想要根本改造是
萬萬不能的！」（1923.12.10《張彭春清華日記》）張
彭春本來的改組董事會想法是將原有董事會一分為三
（分基金、大學及選派留美董事會），削減其權限。本
來以外交部掌理教育，外行人管教育，違反常理，被視
為改革對象，外交部因此與教育部甚至學界產生對立
是自然的事。[5]不過、曹雲祥校長則圓滑，表面附和改
組，實際列屬外交系。[6]

（3）北京派。在北京除了外交部外，在學界還有兩批
人馬對清華校務有意見，一是被看成學界「搗亂分子」

---

4 「外部有外交、政治的關係，美國公使及外交部的員吏都要有
分；外交上，政府裡有變更，漸漸的要影響到學校。」（1923.7.18
《張彭春清華日記》）

5 「曹說董事會改組不肯加入教育家，他們怕教育界把權奪了去！
這清清楚楚是一些膽小人的動作！自己知道地位不牢靠，所以
怕加入內行人。這樣的董事會配掌學校大權嗎？」（1923.12.12
《張彭春清華日記》）

6 「曹是官僚，長於敷衍。校內取有飯大家吃的政策，各方面都不
得罪。」（1925.11.18《張彭春清華日記》）

的留法李石曾派，因他們仇視美國留學生，接近俄赤、
控制法俄庚款，與軍人馮（玉祥）互相勾結，自會對清
華辦校有敵意。與張彭春走得較近的北京知識人是胡
（適）、丁（文江）、梁（啟超）等人，他們屬正人
君子，但顯然又比較沒計畫，不生作用。[7] 北京大學也
有些人想著清華優厚地盤，被張彭春視作威脅的，除
已在清華的王文顯之外，還有蔡、莊、陳、鮑等人。
（1924.2.26《張彭春清華日記》）除了清華校內的《清
華週刊》外，北京知識分子、美國人往往比較善於利用
中英文媒體炒作議題，也很能影響校內外氣氛。[8]

（4）「清華人」與「天津派」。在校務改革過程中，
在校內也不免有人拉幫結黨或生隙樹敵，張彭春很了
解，內外夾攻下，改革匪易，「因為大家把持權利；學
生是為出洋去的，不得出洋，必生反動。好教員不願在
清華長留。想吃『肥差』倒是不難，一想改進，必先打
破舊習，政府必須有人主持，外交部特別信任，不然，
動必無效。」（1923.4.12《張彭春清華日記》）在校學
生如出國想望幻滅，必造成不滿，而早期清華畢業返國
留學生，即日記中指稱的「清華人」，更不免企求回校
占地盤，一旦不成，不免心生怨望，成為改革阻力。他
舉出「莊、張、錢、李、陳、朱、葉、吳、蔡、朱、趙

---

7 「如胡、丁、梁，對于學問藝術都能提倡；然而他們都是很深的
紳士習慣，自以為有才，而與民眾不接近。手段上清潔些，然而
具體的計畫是沒有的。他們多受英美學說的影響。」（1925.8.31
《張彭春清華日記》）

8 在日記中提及的有《北京導報》（*Peking Leader*）、《晨報》、《世
界日報》、《京報副刊》、《猛進》。

0

等——這都不過是先鋒，大隊在後面！」[9] 他把這一批
人與「外交系」同歸為清華改造的不合作者，他預言清
華終歸「清華人」之手。最初到清華一起共事的，有幾
位來自天津南開的，如余上沅、梅月涵、莊澤宣、戴志
騫等人，被歸為「天津系」，在清華一如曹校長會議上
所指稱：「你們南開！」（1924.2.26《張彭春清華日
記》）清華的「南開幫」，似乎令人側目。這也正是張
彭春在校務改革中，最不願看到這種有「黨系之爭」的
標籤。[10] 既使如此，張彭春個人在清華確有南開味兒，
只要看日記中的記載「本著南開的精神在清華奮鬥」、
「清華有清華的使命，與南開不同，應相輔而不應相
爭。」（1925.4.9、1925.4.10《張彭春清華日記》）等
種種用語即可知內情並不單純。

四、富清華・窮南開：張氏兄弟與北方兩高校

　　1916 年 8 月，張彭春回國後，出任南開學校專門
部主任兼代校長，1919 年受其兄張伯苓之命任南開大
學籌備主任，主持制定大學計畫書、擬訂校章、組織招
生，9 月 25 日，南開大學正式開學。被張伯苓尊為「南

9　他接著說：「學校發展必須加入。加進的十之八九是清華新畢業
　　生。所謂新畢業生的，就是曾受過清華園毒環境在三年以至八
　　年之久的！……八年清華園，五年美國——回國來還想望著清華
　　園！這個人怕是陰謀有餘，而真膽量就有限了！」（1925.12.20
　　《張彭春清華日記》）
10　「自己的黨見深，所以猜疑人也有黨見！如果黨見不應有，要先
　　從自己改。如果黨見是不可免或是不易免，就應互相容忍。」
　　（1925.4.11《張彭春清華日記》）同年 6 月 9 日的日記又說：「幾
　　個天津系把持！不容真有學問的人，也不容約翰的人！如果這樣
　　的話傳出去，於學校同我個人的名譽上都不利。」

開校父」的嚴修，辦教育主張講中學以通經致用、講西學以強國富民，強調德、智、體、美四育並進，注重人格修養及新校風的建立，後來天津八里台南開的特色在此，也深刻影響張氏兄弟南開、清華辦校的作為。1910年，梁啟超曾寄望私立的南開大學，不只是私立大學之母，且為全國大學之母，[11] 後來張伯苓把南開辦得有聲有色，寫下中國近代高教史難能可貴的一頁。張伯苓的辦學能力，深受肯定，也教他弟弟刮目相看。因張彭春在南開、清華兩校的經歷，使他的日記內容同時可成為兩所名校的珍貴校史資料。

　　從日記中體會，清華時期的張彭春，一直有濃濃的南開情結。1925年4月初，南開與北師大足球賽、棒球賽，南開輸了，「看足球比賽時不免有偏向南開的表現。這種心理也很有趣。南開勝像於我有榮耀似的！」（1925.4.9《張彭春清華日記》）過幾天，「南開棒球又失敗，其實與我無關，我覺著像我自己失敗似的！這就是太有成見的明證。」（1925.4.11《張彭春清華日記》）張彭春「人在清華、心在南開」，明顯的第一個例子，是在清華的事業遇著不順遂，便自誡別以南開為退路的打算，[12] 這正是心中有所盤算的暗示。第二個例

11　〈梁任公先生在本校大學部開學時之演說〉，《南開雙周》，期13（1921）。引自姚廈瑗，〈張伯苓與哥倫比亞大學〉，李又寧主編，《華族與哥倫比亞大學》，冊4（紐約：天外出版社，2010），頁199。

12　「不要看南開當作奶媽，外面遇見困難風波，就想跑回奶媽懷中哭一場！不依靠南開！……如果稍有拙折，就回南開請教成法；看見大波濤在前面，就想捨去職守，回到老家裡去躲避，那算有什麼本領？回到南開，誰還尊敬你？B看你不過是一個落伍者！」

子是他常述說張伯苓主持窮而有義的南開種種，很不願
看到富而驕的清華。

　　清末民初，在中國要朝自主經營、自負盈虧、自我
發展的方式辦理私立學校，相當不容易。富清華、窮
南開，兩相對照，更見明顯。1920 年代初期，正當北
京政府鬧窮，國立各大學教師領不到薪水，聯合起來形
成索薪潮時，清華靠美國庚款，待遇高、發薪穩定、住
宿及校園條件好，十分令人眼紅。據日記推估，張彭春
任清華教務主任月薪約四百元，一般教授約三百左右，
比起其他學校高三分之一或四分之一。[13] 錢多，貪錢，
張彭春認為會上下交征利，不是辦教育的好事，故計劃
由自我減薪作起。相對的，認為他五哥（張伯苓）辦南
開，特別值得表揚。張彭春指出像南開局面小又窮的私
立學校，能辦得起來，靠嚴修的德望之外，便是張伯苓
具有過人的毅力、計畫和用人的本事，尤其是籌款，張
校長極有弄錢本領，會募款，幾乎成了「損錢奴」。
（1925.7.4《張彭春清華日記》）張伯苓辦的南開中學，
被公認是全國最好的學校，後來私人自辦的南開大學成
績也不遜於國立大學，張彭春的看法是他五哥很「會
用人」。1920 年代，張伯苓延聘了大批美國留學生任
教，陣容相當堅強，但由於教員待遇難與國立大學比

　　（1923.12.30《張彭春清華日記》）。

13 據蘇雲峰的分析，清華 1910-1920 年代，學校經費比其他國立大
　　學多 4-5 倍，懸殊對比，很難不令他校嫉妒。蘇雲峰，《從清華
　　學堂到清華大學，1911-1929》，頁 98-101。

肩，流動性大，演成「勤換主義」；[14]但職員不同，「南開職員代表學校精神。在南開職員長──有自開辦來沒有更動的。」（1925.6.27《張彭春清華日記》）職員人數不多，薪水一律不高（待遇不過四、五十元）。校長用特別方法造成團體精神，使他們能吃苦、能犧牲、能百折不回，「覺著在南開作事特別痛快」。他們所長的是「誠」、「忠」，所以南開精神全寄託在「職員」身上。張伯苓這種窮學校的領導統御方法，跟清華不同，難怪張彭春兩相比較，感觸良多。

五、結語

「日記」雖屬個人、私家，甚至是片面的文獻，但它是原始可受參照、公評的重要歷史紀錄。張彭春日記雖只有三年不足的記載，但從他的「心曲」可看到人性，從他的「閱歷」可見到世態。他雖受西方教育，但不失中國知識分子傳統，時時自檢、自省，以傲、怠、偽、貪自惕，以溫、良、恭、儉、讓自期；他有意清華校長，自歎中文不行不足服人，為此，他尊崇梁啟超、推尊胡適之、交好徐志摩，狠下功夫，苦學國學。只是生性內向，患得患失，卻又自傲傲人。在性格上多疑且自我矛盾，內心常有「二我」的衝突，[15]常公開批人，

---

14 這個詞來自張彭春日記，1925 年 6 月 27 日；當時南開大學教師陣容強，參見何廉，《何廉回憶錄》（北京：中國文史出版社，1988），頁 36-65。

15 張彭春自己解釋「二我」：「二我：（甲）注重別人對我的意見，喜居高位；懶於更新，求眼前安逸，謀別人物質上的供給。（乙）有創造的野心，想走別人看不到或不肯走的道路；求精神上的懂，不顧人物質上的要求，努力求個人的真理。二我不停的

接著反悔，很想當校長，又擔心條件不夠，難得人緣，
於是退回斗室，以教育為職業、以藝術為志業自許。[16]
從這樣一位自稱「粗笨北人」[17]的言行看來，五四時期
的新知識分子是有相當過渡色彩，不是那般的激進和反
傳統。

在教育這一塊，張彭春真的想以南開和清華這兩
塊基地，作中國中等和高等教育的研究和試驗地，目
的在促進中國的現代化，他1920年代所作所為，正符
合當時「新教育革命」的呼聲，他的日記印證了時代
的潮流。

其實，張彭春在藝術面也有相當表現，他是中國近
代話劇運動的先驅者，據記載，曹禺編劇、周恩來演
戲，均曾師從張彭春。1930年後梅蘭芳劇團在美、蘇
的公演，張彭春還是使京劇走上國際舞台的總導演，故
有「中國戲劇第一導」之稱。[18]張彭春自己也很以推動
藝術發展自許，他在1923年8月2日說的內行話可以
證明：「藝術大概是容易讓人發狂的：講到藝術的時

相爭：甲告訴乙多加小心，錢和地位在社會上有莫大勢力；沒有
他們，什麼理想都不能實現。以至個人長進也不能得滿足。乙對
甲十分的輕視。說甲短見，只作小組織材本來沒有很大的將來。
在人格上或文藝上求獨到不朽的工作！」（1925.11.14《張彭春清
華日記》）

16 1925年3月24日謂：作學者、行政均非所宜，作美藝相近，但
工具未備，二、三年內仍以教育為主。

17 「中秋。不免厭煩。文不成文，字不像字！德學都不足為人領
袖。人造出一種膽小若女子諷刺。我是真怯者？粗笨北人那敢問
文思！」（1925.10.2《張彭春清華日記》）

18 見龍飛、孔延庚，《張伯苓與張彭春》（天津：南開大學出版社，
2016），頁187。

候，頭就在雲霧中了！我這幾天因為常談藝術，所以在班上說了許多小器的大話。……真藝術家一定是謙虛沉靜的！藝術不是不可講的，只於不要讓他感動我的氣浮。王爾德的作品，自然是浮的；Pater 的作品，容易使我懶惰；Tagore 容易讓我坐在那裡作夢；讀完了讓我作事的有 Emerson、Nietzsche、Shaw……」。他常在北京看梅蘭芳、楊小樓的戲，也不時在京、津演講中國戲劇，他編過好幾齣中英文白話劇，[19] 自認「劇是我第一個使命，必要發達到最高可能。這是在北京的一個重要理由。」（1925.6.25《張彭春清華日記》）他喜歡與教育界、文學界人士交朋友，因此參加了知識分子組織的中華教育改進社、新月社、現代評論社等社團活動，這些活動在張彭春日記中，多少留下一些足跡。

張彭春在民國歷史上不是很知名的人物，也許可以說是受他哥哥張伯苓校長的「盛名之累」，何況中國大陸於1978 年以前，在南開，連堂堂首任校長張伯苓的名字都不能提，那曾出任國民政府外交官的張彭春，自更默默無聞了。直到1994 年，南開大學出版社才把張彭春列為「南開精英」，距他過世已超過三十年了。

張彭春，是 1920 年代留美返國，服務於清華、南開，以「新教育」推動中國走向現代化知識菁英的代表。這套日記，足作這群知識分子、這個時代的見證。

---

19 張彭春自記編寫過的英文劇本有：Chains（1914）、Intruder（1915）、Awakening（1915冬）、木蘭（1921）；中文說白戲有：一念差（1916 排）、新村正（1918 編）、Chitra（1924 排演）。（1925.6.19《張彭春清華日記》）

編輯凡例

一、《張彭春清華日記》收錄張彭春先生 1923 至 1924
年、1925 年之日記。前者收錄 1923 年 1 月 30 日
至 1924 年 2 月 29 日之日記，後者收錄 1925 年 2
月 19 日至 12 月 31 日之日記，均依原文錄入。

二、日記原稿並非每日記事，未記之日期不另標出。

三、原稿已有標點者予以保留，若無則加具標點。

四、日記原文之錯字、漏字、贅字等均不予更動，異體
字、俗寫字一律改為現行字。

五、本書改直排文字為橫排。

目　錄

1923 年

1 月 30 日

昨天陶知行路過天津，我到車站上同他見面談幾分鐘的話。他對於我下學期在南開設辦公室，並且實地試驗訓練和課程上幾個問題，無異議。他說選擇地點的事完全任我自由。

談的時候，我發表我不贊成作空文章的話。他的意思也同我相合：也是想用事業來作文章。現在為有錢起見，他不得不任「新教育」的主筆。人每每立論無意中給自己留立足地；我不主張作文章，我自問起來，恐怕有點因為我自己的文章實在是作不成功。這樣的立論一定是沒有價值的！

從今天起要天天按時辦公，自己作自己的監督。這半年的課程如下：

（一）工具的預備：國文、書法。

　　　方法：多看書，每天兩小時。

　　　　　　寫字，每天半小時。

1 月 31 日

（二）中學訓育問題。

　　　方法：搜集各中學經驗和通行方法，確定於訓育
　　　　　　有關的各種學校生活。
　　　　　　計劃一學期高中修身班辦法。

（三）課程改造的研究

　　　方法：預備大學講演要目（及需要材料），搜集

各種教科書，對於改造的論文，幾處中學
現擬辦法。

每天在辦公室時間：早九至十二自修。下午二至四
接洽、閱件（用秘書）。

每早第一件事：計畫本日事程，「日記」不記已過
的事，「日程草案」是計畫未來的事的。

⋯⋯

應理事：答清華信。

清理 filing system。

計劃如何用書記。

讀梁啟超「清代學術概論」。

與尹先生談寫字練習方法。

計劃大學學科要目及書籍。

⋯⋯

大學學科

名：「中學課程改造之研究」。

時間：下學期共四個月，每週二小時，共約 32
小時。

研究方法：應出於我根本治學方法，不應作無意
識的摹倣（依傍）。我是主張實地觀察的，以開闢的
魄力，用精密的計劃，能發生實效的。給研究人推廣
的機會。

按中國實現的狀況確定前進的方法。要尋出一個最
有效的辦法來。有效就是一個難題的解決。這不過是
「實驗主義」上一個推行出來的例，方法不過還是抄襲
來的，不過要抄到西法的真精粹罷了。

　　在現在的時代，中國還談不到絕對自創的根本治學方法。

　　在改造課程的眼光上、手續上，都可以見出立論人的教育的根本觀念，「教育到底是為什麼？」這個問題要在「教育是什麼」之前。頭一個是為設計的，第二個是為定界說的。頭一問要在事前計畫，第二個可在事後再討論他去（這也是實驗主義的主張）。

……

　　讀清代學術概論：

　　顏習齋的學說，非書本教育，狠有不以學科而以行事作課程的主張。要深研究。

　　因此想到中國現在談教育學術，不說東就講西，動一動，就拿外國學說來作根據。只依傍杜威是不成功的。

　　胡適在先秦名學史上作的溝通中西名學的事業。將來誰作中西教育學說的調和？

　　教育不只是哲學，還有一大部分是技藝。學校制的方法是否與中國合宜？現在沒有人想到這裡。教育是為什麼？是第一最要的問題。

　　現在只問到某學科如何教學用何教科書，狠少人問到課程是否必以學科作單位。只有人問到學科進步如何測驗，狠少人問為什麼必須要學那一科。只有人問學校如何經營，經費如何籌劃、如何支配，簡直沒人問學校制的教育在中國是否應用，是否相宜。

　　問一問根本的問題，絕不是將一切組織制度成方一時全推翻。不過我們應當知到一個「為什麼？」然後作

的時候，信心可以堅固些，興味可以長久些。

在新舊交互的時候，正是研究問題最好的機會。

第一步當在比較研究之前必須知道新的是什麼，舊的是什麼。半新不舊的，半舊不新的，都是什麼！

第二步是分析當時此地環境的變遷。

第三步是定新標準，從已往經驗得來，不拘人，不拘地。

第四步是計劃實施的草案。

第五步是審定實驗出來的結果，是否合於環境變遷的趨勢。

2 月 13 日

昨天出殯。喪事完了。

家也安排的差不多了。

要注意作工夫了！

2 月 14 日

疑慣了，遇事不能決斷；多空費去許多時間。既作中國人，不知道中國的歷史和文字，真是可恥之至！還講什麼教育！還想作什麼大事業！

應作的事太多了，必須細心選擇。這個時代不是各樣都能精通的。我在本國文化方面的預備又是非常的沒根柢。自知己短，好好的作工夫罷了！

讀廣藝舟雙楫，執筆、綴法、學敍、述學（卷五）。

「夫書小藝耳，本不足述，亦見凡有所學，非深造力追，未易有得，況大道邪？」

2 月 15 日　舊曆除夕

昨天定的廿三早車上北京。走前應作的事：

（一）計劃大學課程如何教法，已有計劃。

（二）計劃中學訓育如何研究法。

（三）想定在京應辦事項，廿四日晚演講。

（四）思想清楚如何答覆清華。

（五）寫出改進社半年工作。

按次序想定方法，在一個問題想定之前，不想下一個問題。

抄顧炎武日知錄，卷十三：

「南北學者之病

飽食終日，無所用心，難矣哉！今日北方之學者，是也。群居終日，言不及義，好行小慧，難矣哉！今日南方之學者，是也。」現在這個評語還適用！

2月17日

九點前十分到辦公室。今天下午不來。

中學訓育問題

訓，教誨也，道也。訓育，意義與訓練同。訓練，教練兵士也，Discipline，所以直接指導學生之意志，而陶冶其品性者也。

教授法已改為教學法，訓練是否應改？改為什麼？

民國教育法令和「教育公報」頒布的條規。

各雜誌發表的對於學生自治、學校訓練各問題的文章。

新擬的課程都有公民學一科，調查各處教法。公民學外，有無別的訓練？各校的規則也應當作一度的考察。

處現在的環境，訓練應當有那幾條標準？

實施起來，關係學校生活的那些方面？教員人格是最要的。

擬定每星期一次全體集會應當如何利用。

南開修身班的特色，要調查清楚；精神方法有可保存發展的，一定要接續去作。

Dewey, *Democracy and Education*, p. 150.

"Now for that (the meaning) of discipline. Where an activity takes time, where many means and obstacles lie between its initiation & completion, deliberation and persistence are required. It is obvious that a very large part of the everyday meaning of will is precisely the deliberate or conscious disposition to persist and endure in a planned course of action in spite of difficulties & contrary solicitations. A man of strong will, in the popular usage of the words, is a man who is neither fickle nor half-hearted in achieving chosen ends. His ability is executive; i.e., he persistently & energetically strives to execute or carry out his aims. A weak will is unstable as water."

p. 151 也有幾句有力量的話。這狠可以定如何答覆清華。

"And most persons are naturally diverted from a proposed course of action by unusual, unforeseen obstacles, or by presentation of inducements to an action that is directly more agreeable."

心不正，思不清，行事一定不固。

2 月 18 日

昨天杜里舒在天津講演「歷史之意義」。今天的題目是「倫理的根本問題」。

昨天聽講的時候，想到哲學家的意義是「能用最長，最不易懂的話，講最簡單的道理！」

今天讀杜威民治與教育第廿六章道德學說。

Theories of Morals.

2月19日

今天照鐘點辦公：早九至十二，下午一半至四半。

訓育問題

昨天同 B 談，他贊成訓育問題也作為大學學科，給大學學生入班的機會。兩種功課一定比一樣要多用時候。可是訓育也是中學狠要的問題。

將來到各校參觀，要同學生們接洽，從他們可得訓育的實效。

2月20日

九點十六分到。昨夜小孩病，我不過睡五小時。

昨晚飯在 B 家，適之說將來不再教書，專作著作事業。整理國故漸漸的變為他的專職。國故自然是應當整理的，而適之又有這門研究的特長，所以他一點一點的覺悟出來他一身的大業。然而他在北京這幾年的經驗，所以使他發達的趨勢改變，是狠可以給我們一個觀念：就是中國有才的人在社會上沒有一個作「活事」的機會，所以要他們才力放在不被現時人生能遷移的古書古理上。

「活事」是經營現時人與人發生關係的事業，如政治、學校事業、民族生活等。

適之還沒完全離開「活事」，他還編他的「努力」週刊，還時常發表與現時生活有關係的文章。

　　然而一般青年要認作「活事」是可引到真新生活上去，新文化是新生活的光彩，而新生活是非從「開闢經驗」上入手不可。新思潮的意義不是批評，批評是新環境使然的，領青年們到新環境的經驗上去，他們自然能發生批評的真精神。現在各種變遷的問題全應當從「分析環境」上入手。分析有兩種方法，一是用歷史來作比較觀，一是實際社會調查。教學生也應當拿這兩種方法作為公民教育（即應用社會知識）的根本教材。

　　在北京更不是作「活事」的地方。活事能常活，在有系統的發展機會，然後有費力經營的償價，使經營高興往前進行。若沒有發展的機會，時常生阻隔；那樣，作「活事」的人狠少能持久對於於活事的興趣。

……

　　在京應辦事項

一、定能去不能。如明明病不見好，今天下午或明天早晨可以送他醫院去。明早要定星期五能走不能，如不能，星六早必須要去。那樣明早要給曹先生寫快信去。同時給主素信。

二、在京必須作的：星六晚講演。見曹。到辦公室。

三、次要的：與楊成章談話。到許宅。見 Stevens。見程柏廬。住清華一夜。見孟和。

四、住處：星五去住清華，星六住青年會。

　　如何答清華

　　一、清華應當作成試驗大學。北大幾年內不能大改良。國立學校經費不保長，清華狠應當用這個機會作大

學的事業。派留美應當與清華分立，不只清華學生有留學機會。

二、現在全國是沒有統一的系統，教育也不能期望某新計劃發生狠廣的效力。現在研究的中學課程同訓育，如有結果，發效也不能狠遠。知行也說不過為幾個能改進的中學。我所想的，如果在南開不能實行，在別處恐怕實行的可能更沒有了。我這半年實在是為南開中學設法改進。若不能勝過這裡的各種困難，將來惟一的實行機會是自己組織試驗學校。

不過在中國文字有莫大的魔力；把你所研究的用文字發表出去，效力也是不可限量。只於我自己文字發表的技能太薄弱了！各地狠要有人去講演。講演也不能毫無影響的。

用學校方法給中國造就一般有用的人才必須在某一校用工夫。擇地要想有發展機會的，能持久的。

學校方法是同個人師傅不是一樣的，也與個人用著作或他種宣傳方法所得效果大不相同。必須認定這兩種分別，然後可知學校造人才到底是那樣事業。

我確信造現代應用人才是非學校方法不成功的。可是學校生活必不能摹倣別國的。並且一個學校應當有一個學校的特性。

學校生活在中學年齡較比在大學還重要，所以我要先從改中學生活起。

生活是人與人接觸，不是書本知識能教的。書本知識莫好於個人進步，不限班級。生活是應當合作的，有組織的，能移用到社會上的。

現在大家還都想學校是只於讀書的地方，沒有注意到學校共同生活，所以各處學校恐怕因為有不合宜學校生活，學生不只無益，反到有害。

在知識上，共同生活也引起一種非個人可能的研究法來。得技能，得「利器」是應當個人進度不同，然研究應當利用大家合作的互助精神和方法。現在各國的 Research Institutes 可證明這條。所以學校教學法一定得改。

三、我既是發表要在中學學校生活各問題上用工夫，到夏天只作了半年就想改到大學問題上去，這是我自己不能持久，志不在作完一事，再作下一件。那樣自己一生不能收狠大的成功，也不能得社會的信用。

若接續作中學研究的事，要定意作到一九二五的夏天，再改別的問題。在這兩年半裡應期望的結果：

（1）南開中學改造。

（2）有文字發表對於課程和訓育的主張。

（3）到各大處實地觀察、講演。

（4）實驗出來一個研究教育各問題的方法。

這三年的工夫是應當用的！

難點是狠不少，然而實效如何？

三年後再作別的問題的研究，或別數事的行政。那時中國情形可以多知道一點，文字的用法也可以方便一點了。

改進社半年的工作

一、從課程改造上入手，這半年搜集材料拿課程

作中心。課程、訓育，都是學校的作業；不過課程多注意知識方面，訓育注重品行習慣方面。實在狠難分開論的。

2月21日

到辦公室晚了一點鐘。在前面參觀考場，今天考新生。考的科目都是能用字寫的，若是初中入學，或可，考入高班也只考能用文字達的知識，未免輕看學校裡學科（書本的）以外的作業同訓練。將來定出初中的生活是什麼，高中的生活是什麼後，新學生必須從初一或高一入學，半途不招新生。如此學校對於初中和高中的生活可以有一個生機的觀念，也可以對於受過初中或高中生活經驗的學生，負完全責任。

訓練和課程的問題都可以簡單些。特別是訓練。

今早明明熱度下落，這次病像不至於險了。後天早車可以到京去。

北京事程已定好了，今天下午繼續計劃改進社的工作。

2月22日

九點四十分到學校，參觀身體檢驗。新生有從外省直接來的，衣履狀態都可看得出。為狠多的學生這是第一次受新制的教育。學校應當不只作身體的檢察，看看入學前的身體，還應當檢察他們入學前的社會經驗同訓練，思想和理事的方法。不過無論那種檢察目的不在他們已有的現狀，是在知道原料的性質，然後好酌定最有

效率的製造法，為的是產出社會需要的出品。空空檢驗後，不去用所得的事實，是無意識的動作。現在教育界時髦的心理測驗，恐怕也不免這種目的不明瞭的病。

小孩出疹子，已竟出來了，不至大險。

定出應搜集的書報請林先生作（？）。

2 月 26 日

昨天從北京回來。今天南開開學。

要小心不干執行的事。自己要好好的向擇定目的上作去。不批評，沒有諫議；有問的，找來研究。

想改革一校最要的還是人！方法是為人用的。教育的目的在學生——不在某科的進步；——辦教育的也不在某事的辦法，某科的教法——還是在人。所以要先好好的預備你自己的人，然後用力影響別的人。「人存政舉」是不錯的！「為仁由己」也是不錯的！

本星期應理事

一、　大學學程的預備。

二、　中學高中初中集會委員會開會，計劃半年辦法。

三、　清華建議書。

四、　改進社計劃草案，如何用助手？三月四日董事會
　　　前擬出。

起首最忌太狂大，太寬汎！從實事上入手，把結論放在後面。「小立課程，大作工夫！」

2月27日

九點到。第一日南開上課。

大學學程，目的是為研究，不為講演。然而學生程度，很少數能作研究，多數只能聽講。給他們材料不能太多太雜。

為我的目的，能得助於學生的一定甚有限；不過可以用這個機會把我的意思翻到本國語言，合於本國的經驗。所以班上的討論和講演都用國語；學生作報告用英文、國文隨意，本國經驗多的學生一定自己要用國文。

預備每次功課，要把需要的名詞先擬定。寫在一張紙上，不只實字，別類的字也要。

這樣作去，我的名詞一點一點的可以夠用的了。

記載Records (from "Personal Efficiency")：

（一）可靠：有觀察、有評判。

（二）能時常在手下應用。

（三）可保存。

（四）有滿足的事實。

時間的記載，每作事所用時間。

錯誤的○○。

○○用印好的格式紙。

表圖。

個人效率的○○。

○○所定目標。

定標準、計劃、事程細目、時間支配。

⋯⋯

決行、敏行 Dispatch：

一、好計劃。

二、細的事程。

三、準確。

四、嚴密注意。

五、敏速。

六、冷靜。

七、謹慎。

Discipline calls for subjection to one's own lives of life & thought, as planned after research or investigation, aided by counsel, & properly scheduled.

……

2 月 28 日

　　早晨來的狠早，然因為有人來看，廢去一點半鐘的光陰。

　　昨晚第一次「課程的改造」，講演用中文，有的學生覺著不如英文便利；然而國文稍好的一定狠容易記載班上的討論。我聲明我不贊成中國大學學程用外國語來教。這個話並不是取巧，因為我用中文教必得出力的，而用英文是於我最方便的。

　　今天下午第一次「訓練問題」。本校全體職員都入這班。討論的注意要多在實用，少在理論。並且有的學生，我的兩門功課都學，所以不能用一樣的材料。

　　據我這幾天的觀察，中學最大的弱點是：在職的教員沒有相當的訓練和精神上的連絡。教員不能覺得同學校有什麼密切的關係。讓他有負責任的機會也是

一個辦方。

校長或主任應當常與教員接洽，這不過是觀察所得作為研究的資料，對於學校執行上還要小心不干涉。為南開想，要用的是人──能訓練教員的人。

3 月 1 日

今天九點來的。

昨天在「訓練問題」班叫學生自己檢察個人的時間支配，注意個人的效率，「君子恥其言之過其行」我自己的時間支配要特別小心！

昨晚中學職員會議，討論暑假後中學人數問題，我有兩個建議：（一）只收初一、高一生──總數初中 800、高中 800。（二）學費增加，為經濟不足的學生特設免費辦法。想改進，第一是經濟問題──現在算得狠嚴，必須每班五十人，如每班四十，學校全數要多費一萬。解決這個問題有幾條路：（一）要少數好教員，每班受教鐘點減少，學生作業加多，這樣好的教員可以久留，機械的輔助學生，全用助手（或大學學生）。（二）增加學費。（三）學生多出力幫助教職員、校役，辦事人無須加多而事體可望往精處辦。團體的精神是最要的。

然而這少數的好教員──能用他們的能力品學感化學生，出力少而效率多的──從那裡可以得來？這是人的問題！特別是私立學校，要訓練自己的人，勿論有那樣的資格程度，必須受過本校的陶冶，才可以得著本校的特別精神和辦法。現在的南開，教員是最弱的一部分，來後沒有什麼訓練，不久又他就去了。這個訓練教員的人應當是中學主任──現在是教務課兼理主任的事，所以作不到好處。然而誰可以作南開中學的主任，作訓練教員的事？在得著人之前，要作批評是沒用的，小處可改，知識見解可以稍加，然而改造的大

局必須得人。

我現在作的，可以從班上選出兩三個能改進中學的學生，然而他們的經驗甚有限，並且他們的志願，還未必在南開。

南開這樣多的學生，現在不用自己造的教科書，真是可恥！把新課程定後，各科（或作業）用的材料應當自己選擇、自己排列，也必須自己去作。有這樣的好機會，一定可以引來幾個好教員。現在我們的時間到了，可以不用外國書，也可以不用書館出的成本，我們要從研究試驗上作出新中學應用書。這又是一個大計劃，恐怕南開辦不到。

我還靜下氣作我的研究的工夫罷！大的計劃等焉有好的機會再談。

今天時間的支配：

九至十：寫日程草案。

十一至十二：預備功課（十至十半為小孩買推車用去）。

一半至五：預備。

七至八：功課。

昨晚談到南開學生的弱點是：「狂簡！」

3月2日

九點到。十點一刻議初高中集會辦法。

昨晚班上學生少了四、五個，或者因為問題太專門，多數不能有興味，或者因為留課太難，或者因為不

讀外國書，不用外國語。人數的少是在億料之內的，不過既是有人來願意研究，要問清楚他們的志願，設法幫助他們達到他們的目的。

自己的態度要檢點。自大的意思有時露出來：如同批評現在有的人能讀紐約省的教育法令而不歡喜讀本國的，又如同說我不贊成在中國大學用外國語教功課。這類地方，容易得罪同人。

我又不是執行的人，大的計劃，不是我的職務。表示我自己的見解比別人高，在一般學生中間，也是狠無聊的！自己有那樣的主張，就老實按著作去罷了，何必拿起架子來批評人。

「溫故知新」、「學不厭誨不倦」，這是在我的。

「古之學者為己，今之學者為人！」

「不憤不啟，不悱不發。」憤、悱，是在人的──如此，他們才可以「自得」。自己稍作過一點研究，現在就覺自大起來，到處期望人的教服──小量的小人！「可大受而不可小知」、「可小知而不可大受」的分別就從人的自大不自大看得清清楚楚！

十點一刻至十二點：集會的討論。

一半至三：寫集會辦法。

三至四：清華信。

今早定每星期一第三時作為集會委員會會期。這半年的集會：主席（校長、課主任或學生），講演（校長應有三、四次，我在高中五次、初中三次，教員，主任，來賓，學生），我每次委員會到，又有八次的講

演，以外不干涉執行。

3月3日

九點到。本星期應作的還有對於清華的建議書和改進社的計劃。

清華的性質

設備這樣完善，一定是別的大學不同跟著學的。將來辦大學的時候，能作為少數人的深造，給一般學者研究學問的機會，不能期望別的大學能採用清華的辦法。在辦大學之前，要先問大學在現時的中國功用應當是什麼。這個問題我沒作過一度徹底的研究，應當用至少一年的工夫作調查計劃。

中學的改造

一定要作下去的。現在的進步太慢，只於我一個人的工作，必須想出一種組織，有程度相當的一同進行。這裡的學生，功課太忙（四年生都有二十學點上下），不能給許多時間作調查研究的事。職員們更是忙的啦，他們自己的職務還辦不清楚，那能用許多時間幫我作研究的事，要認清，在南開的兩學程都是講演性的，可以讓我把意思翻到國語，然而不能作多少研究的事。

就是有了研究的結果，產出中學的新課程，然必須實驗出來，才可以知道合於實用。得著實驗的結果後，必須有一般受過訓練的人，然後這種辦法才可以實行在別的學校裡。不然研究實驗的結果，不過是幾本教科

書，幾種寫在書本上的辦法。或者就用力在一個中學上，讓他產出些合於時勢的青年。

若作研究實驗，跟改進社目的還相同，作某一校的事，就不是改進社應有的動作了。

方法沒有人要緊，人必須從自己起首。時勢逾亂，這個公式逾有效。

這樣看來，想中學的改造，必須自己拿一處中學來辦。最能期望的實效，是你自己中學的學生；你的方法、精神，傳到別處，能生效不能，和生什麼樣的效，都是離你逾遠，億料逾不可靠。

今天早晨讀清華月刊，下午看「西那模」。

3月5日

十點到。十點一刻集會委員會。

昨天陶知行同 McCall 從京來；下午董事會，到會的熊、梁、嚴、張四位。議定夏會因「世界教育會」改期到八月廿後。黃、郭的妙計，看著很有趣。陶很傚郭、黃方法，志在拿全國教育權。若能為人民造福，「包辦主義」也有可說。方法「明公暗私」有時太清楚了！這種野心的鬼祟，對他的態度有幾層：懂他、恨他、笑他、用他、不理他！

郭、黃論學問沒有深的研究，他們的本領：在能利用時局，能知人，組織還巧活，工於宣傳。改進社大權也在他們手裡，利用孟祿是郭的計策，拿美國專家來伸長他們的勢力。東南大學是造助手的地方，有錢，有

人，無政潮擾亂。倒是真作一點教育的事。將來的教育人才也是他們一系的。中國一朝平定，組織全國教育的人一定是他們的。現在高科、農科、工科都漸漸的辦起來了——前途很有希望，不知內部精神和組織如何。

這一群自號為大教育家的對於清華，一定要設法干涉，要他們的人在裡面拈一部分的勢力。知行談要作一篇清華建議的文章，這裡有用意在，下次見面，問他進行沒有。改進社讓他們拿去，有人還不覺所以然，現在恐怕清華也要落在他們手裡。他們比別人強的，有組織，能宣傳，手靈巧。弱的是沒有真正的見識（如用美國入口貨！），太好名利。

若是如此，現在還應當作真正見識，不好名利的事業。B 大話、野心——也是沒有深的根柢，不過比他們正直些，不如他們靈活些，宣傳更不如他們。

決定不要這兩門學程讓我愁！作我大的計劃，往十年後設想，預備作那個時候的大計劃家！知行早開花，將來一定早謝！「欲速則不達」，「見小利則大事不成！」

必須多到中國各地去，還要尋再到外國的機會。

3 月 6 日

每天的功課，像很重的擔負——見他發愁！是因為學的人少麼！是因為沒有教科書，預備特別費工夫！我的性情喜歡作一時人說好的事——好小名！作大家一時不能懂的事，只要與自己主張合，就按著自己的意志作下去，效果在將來，不在現在。

我要為學生想，他們既學這門功課，就要他們得著這門功課的真好處。

要少而精，不要多而濫。

3月7日

每天忙——專為兩門功課——這不是我原定的計劃。不用教科書，必須費力預備，並且有文字上的不方便，每天工作五小時，用在預備功課上要三或四小時，所以覺著功課以外什麼事都作不成功。

八點四十五到。以後早來，可在九點前寫日程。

定意：每天預備功課不得過三小時。

今天事程：

九至十：讀章實齋年譜。

十至十二：讀杜威 M. P.、（預備）Scale for Citizenship。

一半至二半：（答信）讀詩。

二半至三半：計劃今天的課。

3月8日

大風土，又是從西方來的，坑的味氣各處都是：在這樣的環境裡想得清楚的思想，俊秀的美感是比作夢還難！我仍信讀詩可以修養感情；我自己有離這個環境的機會，他們不能離開的又應當如何？把坑設法移到別處去，是惟一的辦法。

昨天班上精神很好，我很高興。我自己太容易受別人對我的意思感動。別人贊成的事我特別喜歡去作讓人

說好！別人不贊成的或是不懂的事，我作著沒有興味，不能獨立持久。這就是好名，好一時的人說好。這樣態度有兩種不利：（一）讓我精神上不得自主，不能坦蕩；（二）不能作超過一時人能懂的事。

氣味太難聞啦！在這氣味裡又生活一天，噯！

我覺出南開學生、先生太沉悶，不靈活。最少的是詩歌！課內課外對於感情陶冶的動作太少啦。天津本來不是產生雅藝的地方！然而近來旅行方便了，不是天津的學生在南開讀書也不少，很可以提倡詩語的風尚，給天津造一個新風氣。

我們再看看新課程裡對於語詩美感的材料也是太不注意了。特別中學是造英雄的時期，也是崇拜英雄的時期，英雄離開了詩語那能造的成功？「燕趙多慷慨悲歌」，這樣的歌不知道都到那裡去了。

大可作的是選擇些中文的詩，英文的詩，適於中學生的，讓他們得著詩的興味，一點一點的能作的也就有了。南開已竟辦了近廿年而對於母校的感情，學校生活的樂趣，沒有產出一首詩，真奇事！有詩興的一定不少，不過沒給他們一個發展的機會。

九至十：寫日程。

十至十一：讀章實齋年譜。

十一至十二、一半至二半：預備功課。

二半至三半：參觀集會。

四半：倍醫生……。

3 月 9 日

八點四十五到。

一個夢裡的中學。

現在辦法延遲下去是坐失機會。從新基礎上造：招百五十人，歲12-14，經過詳細的入學試驗。課程注重身體，自助，開闢精神，上班鐘點大減，班上注意個人，多室外動作，學生組織的訓練，制服，宿室多人同住，簡單一律食物（不吃零星），沐浴室夠用，常作野外履行，機械學科（文字，算法等），進步按個人快慢。不管與別處「六三三」制課程一樣不一樣。現在的中學一天大比一天，將要到一個沒有辦法的時候。根本上有錯誤，枝節上改沒有用處。

女中學招六十人，也作同等的試驗。

大學學教育的人到中學裡參觀，作助手，可以看實地試驗的情形。教出幾個能辦這樣新式學校的人。

作教育研究的人，必須發表試驗的預備同收效。作一個教育者，就是作哲學，也就是作政治和社會學——他的學理必須充足，他的組織能力必須精密，並且他還須是一個美術家，把他神祕的感想用具體的材料表現出來——作教育者不是容易的事！

反想自己的程度如何？本國史、文、心理、經濟都沒作過徹底的研究。只於可以作一個「小聰明」的教育辦事員，那配說什麼高深的學理，精密的計畫！在教育人之前，先教育自己罷！

寫的「白字」太多了！

九半至十一：讀章年譜。

十一至十二：沈信讀「努力」。

3月10日

九點到。

昨天看胡適的「一個最低限度的國學書目」，內分三部：（一）工具之部，（二）思想史之部，（三）文學史之部。他認，「那些國學有成績的人大都是下死工夫笨幹出來的」；他的主張是：「用歷史的線索做我們的天然系統，用這個天然繼續演進的順序做我們治國學的歷程。」第一部裡都是些書目辭典類的書，第二部（頭一本就是胡先生自己的哲學史大綱！）是些經子和性理教的書，第三部是從詩經到最近的文、詩、小說。

從這個書目裡看不出什麼求國學的法門。然而可以看出胡先生所謂國學的是從這些書中可以得來的。既說是歷史的國學研究法，所以必須把這些書，按胡先生的次序，從頭到尾讀一週。

這是他所提倡的。這還是一種「死工夫」。為少數人或可試辦（專心研究思想同文學史的人，大學國學科必須有的兩個學程），為那些不能專心研究文科的人，應當如何可以得一點國學的知識？這是為大多數教育的問題。

就是為少數的人，有這些書應當讀，而讀法也不同。如何讀法是一個問題。參看周書昌集的先正讀書訣，先正讀書貴精不貴多，用熟讀強記的方法，把幾部認為根本的書，每字每句攻過了，然後多涉閱群書，涉

閱的時候還要做疑問箚記的工夫。

我們看這種讀書方法，知道當日所謂儒者讀書以外沒別的事業，用上十年廿年的工夫，不算什麼。雖然述說古人的話，「立德、立功、立言」，古人是合著看，後儒只能分著看，大大多數不過期望「立言」，這就算最高了。

現在我們應當認德是功的工具，也是功的結實，言是德功的預備，是與德功相輔並進的。

在這個開闢時代，德、功、言是不能分立，也不應當分立的。

一般讀書人若再退居專做立言的工夫，實是自私，而所能做的言也絕不能立。

如果這樣，學者不應只用讀書的方法來求學問。學問既不只是言，就不能全從書上求。

我個人在古書上是沒有一點根底的，我現在求得中國已有的思想學術，為的是作現時要做的事。要想教育，必須知道此民族的已往和現在，然後才可擬定將來的趨向。世界的變遷我稍有過一度的研究，現在我最欠的是對於我們已往的，和現在實際上的知識。

現在實際的知識必須親身觀察可以得的來的。已往的情形和思想，必須用記載的幫助；既用各種的記載，必須知道材料的可靠不可靠，同解釋的種種研究。

教育事業的四種性質

什麼是一個教育家？這裡有哲學性質、有政治性質、有宗教性質、有藝術性質。所謂科學方法的應當從

這各種性質裡表現出來。

哲學：分析環境變遷，了解生活意義。

政治：組織人群，使理想的社會實現。

宗教：愛受教育者，遇難不生煩。

藝術：方法的創造，工具的靈活。

如此說來，教育事業，談何容易！

講到這，我自己對於國學應如何入手？

教育思想同教育制度的沿革是我應當知道的，看看我們已往對於教育有如何理想，如何設施。作這一度的研究是必不可少的。從這次研究裡可以得著用古書的方法，和應當小心的地處。各時代，各種書裡（經、史、集）對於教育生活，方法和態度有關係的，都當採取。這樣看來，應當讀的書可就多了！

不拿全體「所謂」國學的來研究，用問題做線索，做一部分的搜集。

先秦的名學，適之做過一度的整理。誰來做先秦教育的調查？這種事或者可以得任公的幫助。可惜我古書的底子太淺了！不過可以給將來的學生作一個試驗，看看一個沒讀過古書的人能否作國學的研究。

這個題目全部分太大，應從一個時代，或一個人的學說入手。

再有，是我寫國文的能力。這是文字的工夫，如何預備達意的工具。多記字、辭、句，多看書，多寫——方法不過如此。

今天試做一點研究古書的事——論語裡講到「學」的目的和方法。

次序：

（一）用朱注本，集一切對於「學」的「子曰」。

（二）要問論語是什麼樣的書，做如何解，這是訓詁小學。

（三）論語時代的教育如何？

（四）孔子對於教育的學說同方法？

（五）評論：為現時有什麼用？

3 月 12 日

體育忽略，應速用力改習。

第三時集會委員會。擬建議作學校生活調查，用不記名法（每組一天，畢交本班班長。用樣子拈在各班上，注意不上課時間）。合交初三，同否本星期實行？本次集會題目：學應做如何解？或學校生活的特性？第二題與調查是連帶的，這樣就定第二題。再問學生有對於學校生活上發生過什麼疑問？觀察不只本校，因我所欲調查的也不只本校。有願與我討論的請寫明問題送西五排四十九號，後定時間面談。搜羅問題後，設法請人講演或別法改進（每人交集會應討論題三個）。

初中講演可否減短？加與學生有興趣的動作。

3 月 13 日

今天在高中集會講「學校生活的性質」。

昨「訓育問題」班上，人數又加多。我給他寫一點感想，有人（旁聽生）不寫。後來我同他們說，無論誰都應按本課的功作去行。下班後回想，恐怕因為這句話

得罪了人；這也是我喜歡得人贊同的弱點。一事自有是
非，不應因人改變我的評判。

做講師的應當引人入勝，使人有自得的機會，絕不
應當督促學生如犯人，他自己不願求學，是他自己的責
任。對於大學學生更應如此。

九至十一、一半至二半：預備集會演講。

十一至十二、三半至四半：預備功課。

3 月 14 日

每天寫日程的習慣漸漸的造成了。

一九二三年又將過去四分之一，時間太不等候我
們啦！回想前一個月半，按著定的計畫進步很有限。
（一）工具的預備，讀書每天兩小時未能做到，寫字還
未起首去做。（二）訓育問題。（三）課程改造，這兩
件不過教兩班學生，所教的材料都沒什麼新得。做的是
翻譯的事，是講演已知的事實，沒做一點新的研究；這
樣下去，與改進社的宗旨大不相同了。預備我能寫文章
的技能倒算是改進社的職務，為是發表我有的意思；而
只教書不研究新事實便不是改進社的職務。

勿論如何，在本學期末尾必須有一個對於改進社的
報告，不然大家要誤會我所做的事。

對於「國學」進步的方法，要按著三月十日擬定次
序去做。

在本月廿五日前要決定下兩問題：

（一）暑假後在什麼地方做事？

（二）過夏到什麼地方去？

日程：

九‧四十五至十一：檢閱數種書（文史通義、讀書雜志、論語正義、經傳釋詞、經義述聞）。

十一至十二：集論語中講「學」的句子。

一半至三半：預備功課，想研究新事實，不只講演。

四半後：散步。

文史通義：內篇一：易教上中下、書教上中下、詩教上下、經解上中下。內篇二：原道上中下、原學上中下、博約上中下、言公上中下。內篇三：史德、史釋、史注、傳記、習固、朱陸、文德、文理、文集、篇卷、天喻、師說、假年、感遇、辨似。內篇四：說林、知難、釋通、橫通、繁稱、匡謬、質性、黠陋、俗嫌、鍼名、砭異、砭俗。內篇五：申鄭、答客問上中下、答問、古文公式、古文十弊、浙東學術、婦學、婦學篇書後、詩話。外篇三卷：論方志義例。

讀書雜志：王念孫（父），逸周書雜志四卷、戰國策〇〇三卷、史記〇〇六卷、漢書〇〇十六、管子〇〇十二、晏子春秋〇〇二、墨子〇〇六、荀子〇〇八補遺一、淮南內篇〇〇廿二補一、漢隸拾遺一。

都是字句訓詁。分條研究。

經傳釋詞：王引之（子），有一百六十字的解釋。

經義述聞：王引之。

梁啟超，清代學術概論，七十四頁：「雖以方東樹之力排『漢學』，猶云：『高郵王氏經義述聞，實足令鄭、朱俯首，漢唐以來，未有其比』」（漢學商兌卷中

之下）。

孟子字義疏證（戴震）。

梁，清代學術概論，六十八頁：「疏證一書，字字
精粹，……綜其內容，不外欲以『情感哲學』代『理性
哲學』」。必須尋得一本讀。

戴：「君子之治天下也，使人各得其情，各遂其
欲，勿悖於道義；君子之自治也，情與欲使一於道義。
夫遏欲之害，甚於防川，絕情去智，充塞仁義」。

論語正義：劉寶楠。

3 月 15 日

研究古書不是人人能的，也不是一時半時可以有效
的。我現在最急要的是達意的工具（到現在還沒注意覓
一個好的書記）。用力應先從工具上入手。

今早因 W 咳嗽，很生煩。應早覓醫生看。盡力做
我應做的，不要生煩。煩了後更不能用全分力量在應做
的事上。

昨天下午同華伉凌談「一個夢裡的中學」，從批評
入手；他們的意思總要具體的建議，拿出來立刻可實
行。我具體的主張若發表出來，將來對於他的實施我應
負責；試驗臨時發生問題必須當場有人解決。在能實現
之前，將來的教員必須有一種特別的訓練，把一年的教
材同方法都想得周密精審，然後試驗可期望成功。

在南開作如此的預備，倒不至於有很大的障礙，
不過少的是人！試驗，我自己應負責，那自然就去不
開了！

所以第一要決定的是我自己的計畫。

試驗我的主張是我的天職，是我這次回國想做的事。我自己能真自信我的主張麼？能為我的主張犧牲麼？清華明明是一個好機會，我應當捨去麼？

我是否心太急，想立刻試驗出來我的主張？我應否再預備的詳細些，考慮的周密些，然後拿出來實驗？

按清華的職務看，做主任還不是很難的事，可以在本職外做中學改造的工夫。

然而改造是必須實做的，只於學理是不中用的。如果在清華裡做這件事，什麼地方可以實習？

自己的學問在什麼地方可以得發展預備將來用？讀書，寫文章是求學問，實驗主張也是求學問。可是，試驗之前，草案必須完善。

……

梁任公答清華周刊記問（周刊十二年三月一日）：

「國學常識，依我所見就是簡簡單單的兩樣東西：一、中國歷史之大概；二、中國人的人生觀。知道中國歷史之大概，才知道中國社會組織的來歷。中國人的人生觀就指過去的人生觀而言；人生觀是社會結合的根本力，所以知道過去的人生觀是常識的主要部分。

你們應當讀的書：（一）論語，（二）孟子，（三）左傳（約三之一），（四）禮記（大學、中庸、學記、樂記、王制、禮運、坊記、表記、祭義、祭法、射義、鄉飲酒義、檀弓），（五）荀子（三之一），（六）韓非子（四之一），（七）墨子（五之一），（八）莊子（五之一，頭七篇、雜篇），（九）老子

（全），（十）易（繫辭），（十一）史記（五之一），
（十二）通鑑（全）。這是你們應當讀的最低限度
了。……你們讀完這些，大概可以有個中國史的大略，
可以略略明白中國人的人生觀了。」

又評美國物質文化的毛病：「她的教育過於機械
的，實利主義太深了，所以學校教學生總以『夠用了』
做標準，只要夠用便不必多學，所以美國的學問界淺薄
異常，沒有絲毫深刻的功夫。因為實利主義太深，所以
時刻的剖析異常精細，如此好處自然是有，我現在不必
多說；而他壞的方面就是一個『忙』字。……」

又說「人格教育就以教育者的人格為標準。」
……

無論是做中學的試驗，或是清華大學的籌備，我自
己的根本學問同發表的工具都不夠用！學問上的死功夫
是必須得用的！

3 月 16 日

修改論文，必須早作。信謝 Kilp 並寄稿。

昨天起集論語上講「學」的句子，看孔門所謂
「學」的是何物？

要看章實齋的原學。

任公評美國教育「只要夠用，便不必多學。」實利
主義把「用」、「行動」放在前面。「思想為學問」不
是新地開闢時代可能有的。「下學上達」的「學」是
「生命」不是「為生命」。杜威也主張「教育是生命」
——要看他同孔門的人不同的點是什麼。

杏孫來作集會問題的分類。

日程：

十至十一：集論語句。

十一至十二：讀章，原學。

一半至四半：Kilp 信、論文。

3 月 17 日

小孩食物問題尚無解決方法，夜裡睡不好，全家都被驚擾。母女的健康是我的責任。過一、二日如不見好，可否移到醫院去住？

清華事在學問，精神上最無可取；恐怕有人用他作為一處身體同經濟修養所！現在的董事和辦事人對於教育方針毫無眼光，大家在那裡看守、維持一些錢罷了！

若是去，在一群小官僚部下作一點為物質幸福的事，未免可恥！然而身體的生活也是必須有的。一般青年，不全是沒有志氣的，在清華得不著一種正當的指導也是很可惜的。清華如有希望根本改組辦大學，這個事可作，應當作；若是沒有機會，自然是不應當去的。

如果董事部不改組，校長的預算不改定，在五年內清華沒有作事的機會。

月涵昨天從清華來，今早可有幾分鐘的談話。要研究因為什麼清華的學生、教員、同學會談改組，要求改組，到現在還未曾發生效果？內中有那些人有教育眼光和技能？

按我自己的學問進步，不應求速效。明年如果文化

學院能成功，南開倒是很好研究知識的地方。

　　小孩的健康，也是W的健康，也是我的健康！

　　午飯約南開同人及月涵。

3月18日　星期日

　　昨天同月涵談：曹志久留，董事不能大改組。辦事人無教育眼光，更談不到學問。

　　無論清華能改組不能，我的職務是先改造中學，預備自己發表主張的能力。「欲速則不達，見小利則大事不成。」

"Coveting the little, the instant gain.

The brief security,

And easy-tongued renown,

Many will mock the vision that his brain,

Builds to a far, unmeasured monument,

And many bid his resolutions down

To the wages of content."

　　要專心在中學課程上作研究工夫或可有一點貢獻。為中國青年尋得教育正途。我當每日自省：為青年謀而不忠乎？自問誠意為青年！

　　所以必須尋得學的正當目標。

　　誠意為青年，不圖自己小名利。

3月19日

　　小孩不見好，W也是顏色憔悴，這樣下去，兩命都不可保。從到天津來，沒有一天離開醫藥。母親已

喪，還不知將來 W 同小孩如何？

　　讀書是最快樂最容易的事！人情的關係，能使你時刻不安，當這不安的境況裡當安靜計劃，不然人命難保！

3 月 20 日

　　小孩夜裡睡的很不好；現在難定應當送他到醫院去不送。考慮後定方針……大人比小孩要緊！為大人計，應當送小孩到一處能照顧他的地方去，然後大人能休息。送到什麼地方去是一個問題。最近的是婦嬰醫院，不知到能不能進去，也不知裡面的生活如何。

3 月 21 日

　　昨天錯不多把小孩送到婦嬰醫院去，我們都不肯捨去他，並且外國醫生的態度我不甚喜歡，太粗狂，不精細。W 還不能吃很多食物，今天領他去檢察。

　　每星期除教四小時外，毫無別的成績，心急太沒方法！改進社既給我這樣自由的機會，應當對他們有點真供獻才是。出外演講是作不到的，寫文章不是我的特長，別的有什麼我可作的事？

　　小家庭是沒有分工的，什麼都得自己著手，所以難。大家族裡，可籍助於有經驗的的地方很多。然各有各的難處。

　　九半至十二：讀論語、先秦政治思想史。

　　一半至三半：預備功課。

3月22日

「小不忍則亂大謀」。大謀是什麼？造堅實的基礎
——多觀察、多記載，利達意的工具。

早喻先生來，說：他很受我這幾天講演的感動，自
己想有機會要作專門的研究；他並且期望我造出些中學
新教員（在高師），並要我發表，我這幾次所講的話。

我很懶發表，一方面因為工具尚不完利，一方面我
性是喜歡實行出來，得著一般臨近的人的贊許。著述是
思想必經的路，還是快快的「利器」罷！

十至十一：買藥。

十一至十二：讀先秦政治思想史。

一半至三半：預備功課，餘暇讀書。

3月23日

明年的計畫應當早定；要為全家想，全家的生活和
自己的發展。

清華現在辦事人是毫無眼光的，勿容為諱的。然而
青年學子在那裡讀書的也應當有人嚮導。若到清華，能
否不問行政，專作研究的事業？如此則可不害學業，不
入汙染。

為家人的修養，清華是無比的。為求學何如？近北
京諸位學者（藉增見聞），有好的圖書館，空氣新鮮，
這是些好點；無精神同志的觝觸，離中國生活實狀過
遠，階級社會的臭味，這些是弱點。

最要的還是一生的「大謀」。

看清楚這個大目標，再議方法，就容易有頭續了。

「誠意為青年，不圖一己的小名利。」這是我的心志麼？修鍊自己，使自己的言行都可以為青年供參考的資料，這就是「為青年」上乘的工夫。這樣看來，自己的不是太顯明了！

昨晚班上人數又加，這不過一點小聰明用在教書的效果。幫助這些青年是我樂為的，然而我自己的真學識是非常有限！

反觀自己的習慣，近來對於執行的事不能敏捷。思想的方面愈多，執行的敏捷愈減，這是必然的麼？

先讀書，午後再想罷。

十至十二：讀書。

一半至三半：改稿，答信。

3 月 24 日

小事使我生煩！或是性懶故。然而自取的纏繞自應負責。「敏於事」，費不多時間，就全能了結。

厭煩！覺著被縛束，不自由！

只於作自己樂作的事，常了，就容易有見自己不樂作的事生厭煩的毛病。然而無論作什麼大的計畫，裡面必有些你自己不樂作的事。「小不忍則亂大謀」。

九至十半：讀書。

十半至十二：瑣事！

3 月 26 日

早七點半到，在校吃早飯，七點四十分起首寫日程。

今天下午有國民大會，早晨預備功課，下午去觀察。

日程：

七‧五十至九‧三十：讀先秦政治思想史。

九‧三十至十‧二十：讀杜威。

十‧二十至十一：委員會。

十一至十二：預備功課。

3 月 27 日

早七點前到，家事不能理清，當「躬自厚而薄責於人」。

為己計太多，不能「為身之所惡以成人之所急」。

求學為青年作嚮導，打定主張，不要再疑。不能果決是我的大病；左怕右怕不能勇往直前。

好效果絕不能不下死工夫得的來的！決定志願在改造中學，不作大學事；所以不作清華事。

改進社給我很好的機會，須作一下，然後再定可能不可能。應到南方參觀。

然而全國不定，中學何由改起？處這個時代，真是沒有一件可靠的根據！時時變化，事無定則！想用人的理性分析這個時代是很難的事，然也是必須作的。分析必須從體驗入手。

中文普通信件我寫不出，旅行時一定很不便。

家裡能離的開作旅行麼？然而不旅行，改進社的事如何能接續作？

八至八‧四十：讀文史通義。

九至十一：寫信。

十一至十二：預備功課。

一至二：同上。

應寫的信：

（一）答 Kilp。（二）答 McCall。（三）答曹。

應用而不能寫的字，每天記小冊。

有道理的論斷，也應記小冊。

所以懶答 Kilp，因為自己不認論文有印刷的價值！又加上三百多元的債！然而已竟起首作的，必須把他作完。論文前或後再加一章也可說明現在的新見識。必須先改論文，後才能答 Kilp。

所以懶答 McC，因不知本星期能否赴京。所以懶答曹，因為不肯輕舍清華的機會。

這幾件事，必須決斷，遲延不是政策。

論文必須修改寄回。

赴京不能定，清華也不能定。

3 月 28 日

早七點一刻到，早飯，七點半到本室；如此每天可增一點半鐘清晨好光陰來讀書。

明明見好，今早電話梁醫生。

七‧五十至九：讀墨經。

九‧十五至十一：讀杜威。

十一至十二：答信。

一半至三半：預備功課。

3月29日

早九點到。

由天津圖書館借來崔述洙（東壁）泗考信錄。崔是胡適之很佩服的，聽說他正為他作年譜。

我自己立還不能，就要同世界大運動家學賽跑，真是妄想！一定有時給識者作笑柄。若不「道聽塗說」，庶幾少招人笑！

昨天同 B 和喻談中學一年級秋後應作新課程的試驗。B 意：不想出人太遠；現在已竟為人稱許，又何必大改造。然小改進一定歡迎。喻意：在一制度作到好處以前何必再換一制度。

個人有個人的主張，必欲按著自己的主張去作。若按著別人的主張作，自己覺著無立足地。以至於失去自重人重的心安。由這看，作一個新主張的試驗，必須自闢新天地。

南開的制度是事事「由君出」。優點在是，弱點也在是！

人不知，慍有何用？「求為可知」罷了！

然而下半年的計畫如何？如南開不能試驗你的主張，那裡肯？我要自問：已竟有具體的主張了麼？有了，必須先著述，後去實驗。

B 的意思，我明年到各處參觀，然後擇幾處謀進的中學去輔助他們。然而我認中學應當根本改革，只於批評，毫無用處。

　　那裡給你機會作根本改革的事？

　　B 還說試驗應在試驗室裡作，不應到大工場裡作試驗。這就是請你到小的地方先去試驗的明示。

　　「孟子曰，以德服人者，中心悅而誠服也」。

　　知、德，都不能服人，那敢講什麼主張？

　　無論如何，各處參觀是必須作的。

　　上兩次功課都沒好預備，講的不能動聽。每次要有兩小時的預備。

3 月 30 日

　　昨晚明明一夜沒睡好，哭的讓人心痛。W 身體一天不如一天；我自己夜裡也睡不好：一家三口都很憔悴。我是較比沒病的，絕不應生煩，要多在家裡幫 W。我的計畫不能決定，也是一家不安的一個大理由。

　　九至十：讀書。

　　十：到家一次看。

　　十二：梁大夫來。

　　下午：去買藥、食物等。

　　昨晚班上講的太動氣了！要細心平氣才能以理折服人。理若不能，惟有用勢或待時。

　　我所作的要真能於人有益，不只為自己打算。

……

　　我同 B、喻談過中學試驗的事，沒有什麼效果，他們仍舊按著老章程預備明年的辦法。然而在我，不應期望收效太早，我自己的主張還沒有到一個具體的建議，那能責備人不按著我的主張去行。這種困難將來無論作

什麼事都要遇的見。「子謂顏淵曰，用之則行，舍之則藏，惟我與爾有是夫！」

好好的把自己的建議計畫出來貢獻給全國同志。

我一方面說改造課程的難，一方面又急想試驗，就像我要將未成熟的理論，用南開來作試驗場，並且他們也不敢靠我時常在此地負試驗的責任，試驗如果不成功，誰來接續往下作？他們自然有他們的理由。所以還不許生煩。這半年，若能幫助些青年有一點新眼光，那就算是成績。

作我的計畫，將來以具體的主張折服人。

（一）論文應快改好，送回。

（二）快決定下年的作業。

（三）把改造主張定稿，發表。中國文字有絕大的勢力。

（一）論文修改

不能改的太多。再寫一篇新序。加上後面的備考。共用不過二十小時。四月十日前一定寄美。錢是不能不花費的。

（二）下年作業

應同曹、徐、梅、知行、孟和、適之討論。下星期五赴京。

在四月底五月初，應到南京、上海去一次，住約十日。藉以觀察中學研究的可能。

與知行討論試驗學校的可能：目標、經費、人才。

要為全家想，什麼地方最合宜。

（三）改造主張

必先利器！達意的工具——國語；名詞應從現行著作裡得來。

先試寫短篇的研究結果，登在「新教育」、「努力」或「中等教育」上。想定幾個精而有色采的題目。把講義，擇可發表的，寫完送印。

利用改進社年會的機會。

3 月 31 日

昨晚看明明醒了三次，她的食物還沒試驗合宜。

今早自省，覺出自己性薄的毛病。事事計算為己，沒有忠心的朋友。批評人易，幫助人難！

第二件大弱點是「忠直的膽量不足」。太顧人、時、地的更換，自己主張不能堅持到底。

這半年作的事，多為自己計畫，沒有幫助改進社的社員。在天津、北京的社員，我還都沒有為他們作什麼事。也許藉著三、四次的講演可以把改造主張發表一部分？

洪深送來五十元還南開。這筆帳應當我負責；他與南開毫無關係，而我因為急於用他演劇，我把南開錢給他用了三百美金，這實在是我用南開的。雖然借的時候有孟、張作證，然而錢是由我管。可是想借南開錢的建議確是洪自己的主意來找我說的。我應當給他寫信重責他非快設法不可。現在的五十收與不收要同華先生商議。

4月2日

先不能遠慮，必須從近憂上入手；家裡有兩口病人，那有精神管別的事！心緒亂，夜不成眠。

婦嬰醫院不甚可靠，北京協和不知內幕如何，看護是否得人？若到京去，把一切的秩序都打破，改組也是非常費神的事。在天津明明不見好，W 不能吃東西，這樣將來還要有大危險！

我對於瑣事的清理，向不注意，現在遇著這樣的家境，才知道自己的短處。

因為精力不足所以不能按著定的日程進行。

今天在預備功課外，要改論文。

4月3日

今天高中集會我講：「體驗的求學法」。

昨天又沒得工夫作改論文的事。

日程：

九半至十一：預備講演。

十一至十二：預備功課。 ✗

一半至三半：講演。

三半至五：買藥。✗

「先事後得非崇德與？攻其惡，無攻人之惡，非修慝與？」

4月4日

昨天因食物事動氣。明明不見大好，W 臉上一天比一天難看，真是急的我要發狂！

我想明天到京去看協和醫院是否能用，送小孩到那裡去。

現在讀書作事都沒有興趣！無論什麼計畫都不能進行。

還是人要緊，先顧人，後想事。要安靜沉氣暫 W 想，大人比小孩重要。

4 月 5 日

生活應當樂，不要被愁囚，既知愁無用，何為不優游？

力有限，為現在生活尚恐不敷用，那有餘力計畫大謀？還是家庭樂在先，不要忘身心的修養。

每星期打個網球三次，打後洗澡。

明明還是送到婦嬰醫院去好，北京太遠，必須家庭大改組。到醫院住一、兩星期，試驗得著合宜的食物再弄回家來，就應當容易些了。

今天不作工，早晨打球，下午送明明到醫院。

兩個星期的猜疑才能定議！辦事太慢了！

4 月 9 日

五日下午送明明到婦嬰醫院。

六日下午赴京，七日早到清華與曹接洽。七日下午回津。八日休息。

日程：

九至十：計畫。

十至十一：委員會。

十一至十二：預備功課。

二至二半：去看明明。

二半至三半：預備功課。

與曹談話條件：

甲、關於清華的教育方針

（一）學校與派留美分清為兩項事業；款項也應在預算內作兩種算法。下五年內派留學欠款應由五年後留學項下出，不應干涉學校進行。

（二）學校變大校，課程純依中國情形規定，不為預備出洋所影響。大學由秋季入學班起首計畫，這班在歸大學入學程度時即為大學一年生，同時再招男女生若干名直接入大學。畢業時都不能全數出洋。

（三）派留學應公開考試，清華大學畢業生與他大學畢業生有同等報名投考的權利。現在校生都應一律送美，從本年秋學生起，入學時寫清志願書時標的不出洋。

乙、關於進行手續：

（一）以上三項方針須得董事部通過，外交部認可。

（二）曹寫信給改進社董事部請得張某為清華教務主任，然同時不礙中等教育研究事，並就職後得依舊進行改進社對於中等教育研究的計畫。

丙、關於旅費、薪金等：

（一）清華應建議改進社任旅費，這是大方辦法。

（二）薪金增加，由這裡遞還欠南開款。

……

　　這是談話結束。在次序、方針上，詳加斟酌後，給曹去信，要求提交董事部，並致函改進社。

　　對於此事零散的觀察：

　　（一）曹是外交部人，在董事部裡很能主持些事，現時不合手續的是部裡一般小官僚不願舍開一點權利，他們自己信清華是他們私有，不願把權讓出。改進第一步是產出一個能負責的董事部，能明白教育政策的董事部。外交部或者有一部份的認可權，然而在瑣事上不應干涉執行。董事部通過大政策，次由外交總、次長認可，然後執行事應全在學校教職員手裡。這一步的改組或者可以期望作到。

　　（二）現時董事部，外交小官僚，及校長都是教育上的外行漢！可是他們自己知道自己的短處，並且外邊的意見，他們也能被移動，例如本年派女生事。

　　（三）曹是外行，然較比黃、郭派的人還直正些，要緊的是改組後不叫鄭派人拿了去！鄭作事的手段在各處都現的出，孟祿已被郭用，要小心從孟處轉來的美國影響。

　　（四）將來想敵鄭，應與適之聯，應與 B 不斷關係。

4 月 10 日

　　效率，音律不讀作帥，我寫的「白」字，讀的「白」音，一定很多，不免被人訾笑，以後要小心，要謙虛。

不要愁——W弱一點一點會好的；為明明計最好是住在醫院。高起興來往前進——盡人力，聽天命！

現在清華的事對B談不談？

華先生大概同他說過。能得他的同意於信用上好一些，然而清華方針尚未通過，不知結果如何。

要自問真能有把握不能。

4月11日

只要家裡人能沒病，自然能多作許多事。

對於清華還不能簡當了結；心裡總覺著怕有對不過改進社的地方：他們對於我信任很重，雖說清華事可兼理中學研究，然而其實很像辭出改進社，受過人家許多信任，沒有給他們作什麼事績，現在竟離開他們到一個薪金較多的地方去，看著實在很難使人心服。

我的難處是因為家中的病人不能到各處參觀，而參觀講演是研究手續裡必須作的。只於寫文章不是我的能力所及。

現在給我一個一定地點作事的就是清華，所以不得已不去看看是否有作事的機會。

教務主任的本職是研究教育的人應當作的。不過關係全校的教育方針，若是定教育方針的團體不改變，恐怕小處不能改變。所以必須等董事部改組後才可以有全盤計畫的可能。若是不然，入他們的群裡要得行動的自由是怕作不到的！

我作改進社的事，我中文的缺欠是一最大弱點。

現在不能離開家作遊行參觀，又不能寫文章，這實

在是對於改進社毫無貢獻，問心自愧，然而無法補救！

眼看 W 和明明不能長活，是不容忍的！如之何，如之何？

4 月 12 日

日程：

六半至八・廿：讀論語考證等。

九至十一：曹信。

十一至十二：網球。

二至四：改論文。

「色厲而內荏，譬諸小人，其猶穿窬之盜也與！」

假！

「不患無位，患所以立；不患莫己知，求為可知也。」

「子絕四，無（從史記）意無必，無固無我。」

無意無必是懷疑，無固無我是客觀。

……

下午四點半。

上午同 B 談：

他說，我的精神見老，不如上次回國沒有精神。思想較前見老些，然而精神不應見老。

他看我因家的瑣事，減去作事的效率大半！

他主張我必須為改進社到各處參觀講演，也是一種「交卷」辦法，不然太失信用。

與清華兼顧的辦法，不能實行——行時，必至分神，不能專心。

他對於清華的改造很懷疑——因為大家把持權利；學生是為出洋去的，不得出洋，必生反動。好教員不願在清華長留。想吃「肥差」倒是不難，一想改進，必先打破舊習，政府必須有人主持，外交部特別信任，不然，動必無效。

一種制度必須土裡有「根」然後可望滋養，清華離土地太遠了，完全與人民生活沒有發生關係，這是清華生命的問題。如果學生專為留美才到清華去的，清華要永遠是預備性質；等到把賠款用完，才可希望利用一片設備為教育用。三十年後清華是什麼樣子？然而事也在人為。

各處參觀是應當作的，預算下星期三南下，共出外十四日。南京4、無錫2（蘇州2）（南通2）、上海3、杭州3（濟南2），五月三日反津。

如果W同去，可以多遊幾天，錢稍多費。小孩在醫院有什麼省錢辦法？

為應用信件，可預先寫兩、三式稿子為臨時用。可以大概想得定。

清華按著與曹的談話給他去信，加上董事部改組一條。條件清楚，主張可供後去的人參考。

4月13日

今天覺著作事沒精神，真有如同B批評我的那樣老而無勇的樣子；這是不是家的責太重了，我能力不能擔負？

自己也覺著沒有膽量，不敢果斷果行！太疑！

沒有膽量，只能分析，是絕不能成功的！

南開董事中對於我恐有異議——這是已往的。

現在要緊的是一生的大計畫！然而自問：天材如何？能力如何？

無論特長在那方面，必須自己用全分力量作去，不然所有計畫都是紙上談兵，空中樓閣。

必須作的：

（一）清華信。✓ 寫去

（二）南行日程。

（三）夏天住處。

（四）家中瑣事的新組織。

好實敏以求之者也。

現在南遊，將求就清華後還多出外旅行。

提起精神來作獨創的事業。

4 月 16 日

本星期：三，請仲藩？

誠之、子明請定日期

赴京，星五去，次日歸。

作衣服，定僕人。

課程研究：本星期講分析教科書法。

訓育研究：公民測驗作完，起首分題研究，討論方法。

這樣是預備我南遊的時候，學生還可以多少有一點事作，並且也是一個結束。

預備南遊

（一）赴京見知行，談參觀日程。由改進社通知各處。

（二）計畫調察、討論、晤談、講演、各種材料。

（三）時間，兩星期。起身在四月廿五日？

（四）在見知行前，要定好年會應作的，和下年應作的事。無論清華事如何，中學課程改造是要往前作去的！

如何把我對於課程的主張發表出來？

要同胡、袁、黃，聯絡。

在到北京前，同喻議具體的辦法，如何實用主張。中學課程必須大改造——只想應辦的事，不顧自己的瑣事。（星二至五，每早兩小時？）

4月17日

與喻定，本星期二至四下午一半至二半，討論在年會時應發表的具體建議。

赴京：

星五早車，見 McC，知行、適之，余日宣、月涵。

星六下午車返（晚中學青年會紀念會）。

日程：

十一至十二：預備功課，預備下午選科講演。

一半至二半：與喻談。

定僕人事，找成衣，W 同行否？

寫給北京各人信。

4 月 18 日

九‧十五至十一：寫信。

十一至十二：預備功課。

一半至二半：喻。

三半：上課。

晚：請客。

待辦的事：

（一）論文修改，在南行前寄出！答 Kilp。✔

（二）下年計畫——夏天住處。

（三）洪深還錢，南行前到南洋公司去一次。✔

（四）為天津改進社社員講演，從南方回來作。

（五）參觀北京，保定中等學校。

4 月 19 日

（六）給兩班學生留功課，定參考材料。

九至十：理髮。

十至十一：看明明。

十一至十二：統計作完，功課參考書。

一半至二半：喻。

二半至三半：初級集會。

4 月 23 日

廿日下午赴京，見陶、余、梅。高師附中參觀。

定五月十、十一日在高師講演。

廿一日晚回。

今天因不能決定動氣，露出弱點。按著定的意思

作；每定前要想到家人，定後不要再猶疑。

「近之則不孫，遠之則怨」。

我的工作是什麼！

求同情是弱人的態度。遠久事業，唯自己可以懂得！

4 月 24 日

身體疲倦，遇事不能決斷，自己就容易生煩動氣。以後要小心，不再犯才好。

W 不南遊；經濟、可安靜修養、照顧明明，省我在南方的時間。這是決定的理由。

我廿六日南下：

廿七至卅：南京。

五月一日：無錫。

二至五日：上海。

五至七日：杭州。

八日自上海──九日晚六鐘到津。

⋯⋯

動身前必須作的：

一、修改論文，寄 Kilp。✓

二、到南洋煙草公司取洪深寄來錢，今天下午。✓

三、下年及暑假住處，曹信。✓

4 月 25 日

對於清華，是否有一點「患得患失」的心理？

⋯⋯

5 月 18 日

陶知行評我是「不求近效而求遠功的」，他對任之說「若是給仲述五年功夫，可以有驚人的結果」。知行是愛我的，也是對於我有信心的，所以不應當使他失望。

中學是根本應改造的，如果南開可行，在南開作，如果不便，可另想試驗的機會。改進社是很想幫忙的。

試驗中可作的：一、新中學的組織；二、新教科書（集能寫的人在一齊，試驗一年後出書）。

難處是有的，然是我的志願，並且我已用了二年多的時間預備。

清華最大的吸力是地點和經濟的便利；精神上不是我樂意作的事，因為不能得自由的發展。如果真能改造中學豈不是一個長久的貢獻！

W 意思是願到清華去的，他不樂意我作遊行的事；並且天津的住處也是太不方便了。如果下年能得他們「老四」來或者也是一個解決方法。

作中學的改造，較比作清華事，我自己的預備稍多些，棘手的方面稍少些，只於生活要困難些。

5 月 19 日

今早要同 B 談。可以問他：中學事業能否改進？如何入手？清華事——如果就，於改進社方面情面如何？如果就，可望得什麼樣的效果？

清華與中學研究兼，實際上作的到麼？

無論在那一方面作事，都不當期望速效。

清華錢太多，所以必不能出英雄！

"Every heroic act measures itself by its contempt of some external good."

並且清華是因外國的錢辦起來的，現在外國人的勢力還是不少，學生也是將來到外國去求學的。

"Self-trust is the essence of Heroism. It is the state of the soul at war; and its ultimate objects are the last defiance of falsehood and wrong, and the power to bear all that can be inflicted by evil agents. It speaks the truth, and it is just, it is generous, hospitable, temperate, scornful of petty calculations, and scornful of being scorned. It persists; it is of an undaunted boldness, and of a fortitude not to be wearied out. Its jest is the littleness of common life. That false prudence which dotes on health and wealth is the foil, the butt and merriment of heroism. Heroism, like Plotinus, is almost ashamed of its body...... What joys has kind nature provided for us dear creatures! There seems to be no interval between greatness and meanness. When the spirit is not master of the world, then it is its dupe." - Emerson

"A great man scarcely knows how he dines, how he dresses; but without railing or precision, his living is natural and poetic."

"The heroic soul does not sell its justice and its nobleness. It does not ask to dine nicely, and to sleep warm. The essence of greatness is the perception that virtue is enough. Poverty is its ornament. Plenty it does not need, and can very well abide its loss."

"But that which takes my fancy most, in the heroic class, is the good-humor and hilarity they exhibit. It is a height to which common duty can very well attain, to suffer and to dare with solemnity. But these rare souls set opinion, success, and life, at so cheap a rate, that they will not soothe their enemies by petitions, or the show of sorrow, but wear their own habitual greatness."

Can I?

Can my family?

我近兩年來太注意「物質的史觀」，以為民族的盛衰全靠新地與人數的比例。這種的史觀是美國的，是適宜於美國的。在中國的現在必須有一種精神來與物質抵抗。

"A great man illustrates his place, makes his climate genial in the imagination of men, and its air the beloved element of all delicate spirits. That country is the fairest which is inhabited by the noblest minds."

"Not in vain you live, for every passing eye is cheered of refined by the vision."

"All men have wandering impulses, fits, and starts of generosity. But when you have resolved to be great, abide by yourself, and do not weakly try to reconcile yourself with the world."

6 月 26 日

雨，天氣涼爽。

寫信：余上沅、知行。

清理書籍，結束改進社帳，付成衣，父母遺像。

高蔭棠從清華來，明年 CI 的學生，很能幫忙。

同邱鳳翽談（字振中）。

6 月 27 日

明天是南開大學第一班畢業式。想我大學畢業時候到現在已經滿十年了！這十年有什麼成績可言？再有八年多就要到四十了！可怕！

「後生可畏，焉知來者之不如今也。四十、五十而無聞焉，斯亦不足畏也已。」

「三軍可奪帥也，匹夫不可奪志也。」

「自強不息。」

這幾天精神不整，不能按著定的日程去作。

今天要作的（看結果如何）：

一、僕人。二、知行信。三、莊及 Danton 答。四、付成衣。五、讀論語。

早晨安子修來，定演講為兩次，八月一、二日，下午四點半至六點，一次講課程，一次訓育。

6 月 30 日

今明兩天收拾行李，後天早九點起身。

學校的房子在暑期學校後再移動。

「學之亡也，亡其粗也，願由粗以會其精；政之

亡也，亡其跡也，願崇跡以行其義。」顏習齋，七十歲語。

上次在北京同君勱講顏的哲學，我引這兩句話，給引錯了，甚可笑！以後再引書的時候要小心。

給知行的信還沒有寫！

7月2日　星期一

到清華。

7月3日

晚飯月涵家。

下午拜曹宅，見著太太。

「望十年後設想。預備作那時候的大計畫家！欲速則不達，見小利則大事不成。」三月五日，日記。

生活簡單，道德，思想深刻！

7月4日

早十點到辦公處見王文顯。談約一小時。下年他教 CI 和 H Ⅲ 英文，每級兩組，共十二小時。他自己說，他的興趣在著作，所以很喜歡離開行政的職務。並且很期望再能同青年學生得接近。（下年他能影響最高兩級的一半學生，於學生輿論很有關係，要注意。）

能否改定？

注意這四班學生的舉動。

他說，教員學生精神上不好，大半是因為職員的辦事精神有不正當處。又說恐怕改大學是不容易的，有經濟的問題、政策問題，還有學生問題。如果改大學，畢業不留美，怕從南方來的學生必至於少，那末，清華就不能為全國造就人才。

因為清華與政府有關，所以有種種困難。

他說，在清華作事八年，自問良心，於事並無不到處，現在的徹職，自己覺著於心無愧，所以下年還可以

留校作教員。現在要求學校有定合同，一面可以給人知道，自己志在長期作教員，再沒有作行政事的野心。

他說，我們的感情容易發生誤會，所以要當面談談，他不覺出有甚麼丟臉。（他愈這樣說，他自己一定覺著很痛苦。）

在談完公事後，他說有一兩件事要談談，第一是鍾先生事，第二是他自己的事。（其實他自己的事是惟一找我去談的理由。）

辦公時間：九至十二、一至四。開學時，和臨放假時最忙，其餘時間不甚忙。

今天中午他離開辦公室的時候，就把鎖交給鍾先生。

……

王是個問題！能駕御他則教員中問題大半解決。

滑而私！王在清華為的是利！沒有大希望。不是中國人焉能作中國事！

……

新主任必須與學生、先生接近。要想方法，導引思想輿論。

下年，一定用鍾先生。如果人不足用，再找一個國文好的（英文也懂的）幫手。

……

今天晚飯，曹請同幾個主任見面，但是定局後，他又去陪顧維鈞遊山去了！他來陳說理由，預備將來顧作總長時，可以期望董事部改組。

從此可以看出曹的處事方法。他是實力派的，想用

外交手段來維持他自己的地位，他的志願是將來可以放出公使！

中國的已往是什麼，將來是什麼？這樣的問題，如同曹、王一類的人都沒有注意。曹能對付現在，較比王活動的多。

主人不到，這樣的待客態度未免太輕薄了！我在他去後想，當時我也辭他就對了；一時沒有想到！同人是否因為曹的態度要輕看我？我現在想辭，曹又已竟走了。既然現在沒有方法，可以拿他作為一次的經驗！看出曹對於校事不如對於他個人的關係要緊，他待人不是忠厚態度——恐怕太注意實利了！他或是一個可以利動，不可以義動的人。

今天晚上他既是無禮，我應取如何態度？這是我出場第一個難題！

曹既親身來告歉，我已面允，如果今晚不去，必至因這件小事定去留。

「小不忍則亂大謀」。

我來不是為曹來的，我來是為一般青年的前途與新國家的關係。就是曹有意（？）輕看我，我也要持「犯而不校」的態度。非禮在他，於我的人格無害。如果同人中也有因為曹不來也不到的，也不要形於言色。

合則留，不合則去，不是在現在定的。

爭這類的小體面，於本身的地位或者應當，然而爭的機會我已竟放過去了，有什麼挽回的法子？

午飯請余日宣，飯後長談。一同到工字廳，一同找麻倫。

下午到辦公室，定星期五辦公。事務應當分析清楚。有成例的事叫書記去作。

……

改進社事——本星期進城一次。知行想我用策！

……

下年國學部的事還請戴暫時擔任；我要小心別現醜！一年好好用功！

校外的作業與校內作事的效率有莫大關係。

7 月 5 日

「以德服人者，中心悅而誠服也。」

昨晚到的：

何林一 ✓　李仲華 ✓　莊達卿　　王維周 ✓
黃挺芝　　瑞熙丞　　戴志騫 ✓　顧人傑 ✓
胡魯聲 ✓　余上沅　　陳有虞 ✓

王、李、戴、何、陳，於作事上最有關係。

都中國服（戴夫婦外），我外國服。中國服容易些，沒有禮服問題。

「敏於事而慎於言。」

只於注意我自己一部分的事，不批評別的部分的人或辦事法！

本部分的事，要把他分的有系統了。

按我以往作事經驗看，我必須有負責任的助手，在南開如同華、孟。可以利用我的地方是想方法解決難問題，或是提倡新事業。讓我作一定的機械事，絕

不能長久。

助手對於我有信心，對於事特別熱心，勤慣直前，有難事或新事再來找我。

先分析教務主任的職務，再想助手用誰。分析要用前主任的日記，把他所辦的事分出類來。明天到辦公室要作這件。

無論事情如何，不要過勞，身體最要！身體好，精神也容易足，辦事自然有方法。

為成效起見，要觀察全校（教職員、學生）所期望於新教務主任的是什麼，然後擇一兩樣最要的先來試行，試後看他效果如何。

永遠不忘現在還是求學預備的時期，時時刻刻作十年後想！

大家住在此地對於外邊的事沒有注意的機會，漸漸要養成不聞不問的習慣。我到這三天，新聞紙都沒有看。

在下兩星期內，勻出時間來到各職員家拜謁。

與月涵談，大家所期望於新主任的，（一）是課程的改組，（二）與教員接洽及他們的訓練。

我想主任應當作教育思潮的領袖。

國文部自己一定不去爭，好好的讀書在前，不然要因為這一部分現醜。如果曹談到，亦要力推戴留職。

7月6日

昨晚蔡競平請飯，同座有：吳公之、莊達卿、余上沅、胡魯聲、潘文煥、余日宣、王維周。

吳大展雄議，已非古風。

與人談，以後不要長；長了容易精神不貫注，美醜畢露！自修的工夫要長，與人接近要短。不然，就要有「群居終日，言不及義」的病。

昨天下午同月涵走到郎潤園。他說，曹覺著我有點拿架子，不肯一請就來，若是沒有幾位顧問的主張，早就定了全了。如果我將來有失敗的事，他一定要責備「顧問」們說，張是你們要他來的！

顧問：余、莊、莊、梅、戴。

T 是九成以利動的。四方面：（一）學生，（二）教員（職員服從），（三）董事（從外面），（四）社會輿論（遺老、改進社）。

有機會多請學生、教員到家裡談。暑假內就可以作。找出多少教員，學生住校。

兩次同席的人，在一兩星期內請他們。（不必全約。）

下星期一約的同莊達卿打球，事前練習。

讀顏淵篇。

……

T 今天沒有到辦公室，還陪著顧，大概有什麼事商議。昨天董事會後又回西山去了。

鍾無精神，中國字寫不出，有忍恫，沒有系統。作事太慢。看他兩個星期再定。

今天作事有限，讀章程，布置辦公桌，讀舊主任的辦公日記，同主素幾位午飯，談改進社年會事（十一半至三）。

下星期一 T 來時，有什麼事要談？

（一）下年的教員及課程的支配。

（二）改進社年會清華的展覽。

（三）國學部如談到，請他定。（既有前約，最好仍舊）。

（四）考中學新生。

各樣教務主任的職務要有一個細目的分析。

各種學程分門、分組或系。建議要先同諸位「顧問」談……莊、梅、余。

7月7日

今早到香山慈幼院參觀，並擬初中課程。有機會要請教熊先生對於清華的意見。

將來擬好課程後，必須通信，並且要解釋內容，這就是中文缺點的痛苦！國文必須到應用的程度。

不要太容易聽別人的支配，要有一定的主張，不顧他人的態度如何。欠決斷！今天從香山回來，絕不應當去陪 Mrs. T 打球。以致家人不寧，釀成到此後第一次不快的事。以後要堅決！懦弱是招侮的。不應終日在外，不問家事……這是我的錯，先自改。從作上入手，不用口說。家裡應有的裝飾必須有的，要幫著修理，預備。

犯怠。

每天勻出一小時幫助招顧家事。

7月8日　星期日

病在弱而私 weak & selfish ！要練剛而勞 strong &

generous！

少勇。

必先齊家而後能治國平天下。

「溫而厲」，不厲招不敬。

「內省不疚，何憂何懼」。

帥以正，自認錯誤，遇無理之舉以直對之。不能嚴柔兼施，絕非使治之道。施嚴之道要理由充足，決斷敏捷。

每星期日重讀前一週日記，（一）看應作而未作的是什麼，（二）綜合一週內的觀察。

7 月 10 日

上午進城，見主素，他要我作：

（一）見曹約他在第一次開會講演，就著機會請他入會。✔

（二）約莊澤宣幫年會編輯事。✔

（三）要我預備年會講演。✔

（四）要我寫南方參觀的報告，登在「新教育」上。

（五）預備年會時講演分組辦法，下次面議。✔

⋯⋯

前五日 W 多煩，常同傭人動氣，想必因為近來身體不強，又有小孩不好好的吃奶，也讓他容易生煩。

我應當幫他，特別在這個時候，讓他有點休息的機會，要堅固信心往好處看，一定要他結果完善。在我一方面應當盡我的責任。

……

各處拜望的事還沒有作了。

能否到天津去，全看這後一星期 W 態度如何。

家必須整理好，然後才可以想作外邊的事。瑣事也容易使我生煩，然而在「獨偶」制度之下男人這樣職務必須有份的。

這絕不是我性之所近，然而必須作的。

……

對於改進社，我作的事太少了！大大的拋棄名譽！有家裡的瑣事，更難作了！

然而有的人有的時候，越到難處越可以多作事。最好試試看！

提起精神來，「小不忍則亂大謀！」

7 月 11 日

曹仍沒有回來。我今天擬出新課程的大概，怕的是不能得著曹同在校師生的同意。

聽說下年定叫 C. T. T. 作畢業同學會書記事。這裡很有政治興趣的可能，要注意。

明天不辦公，要作改進社事。

下午到圖書館取出十六本教育的書。

住校學生出了一種「消夏旬刊」，誤寫我的名為「鵬春」，到校事並無正式報告，而對於「王教務長」的南遊特有專誌。無論他有意無意，都可以不去管他。或有誤會的地方，日久了自然真偽分明。

明明今天吃的稀飯多一點，在到清華後，不願意吃

牛奶，如果能吃稀飯也就算好。

　　寫字，筆筆用力，寫過不許修改，使他存他的本來面目。修改的習慣有了，就想筆筆要改，那樣，精神是假的了！我寫字為文病都是改的次數太多。

7月12日

　　要完全打消替 T 的慾望，這樣的念想容易減少本職的效率。

　　真能服人的，德比巧要緊的多！

　　對於知行太失信了！道德上的缺欠！他很愛我敬我，我絕不應當來信都沒答覆。並且到清華來，起首沒有同他談，後來談的時候又有一點無根據的狐疑，所以不免生出點小隔閡。知行雖是鄭的健將，然而誠比鄭多。我待他太忽略了！以後要改過。

　　一個理由也是因為我中文不夠用，所以懶怠寫信。在中國作事，不能用中文自由達意，真是笑話！我這樣大短處，近來同事的人都已曉得了，主素雖然叫我寫東西，他也明白我對於文字的難處。

　　現在又加上清華國學部的問題。他們的眼也是很快利的，一定看得出我的短處，並且舊習慣是分國學、西學兩部的，如果新主任對於國文不通，那末更換主任的大理由就少了一個了。

　　這各種的情形都是證明，我的將來都在我的國文能進步不能！慎之慎之！

……

　　曹從西山回來了，他來看我，在吃飯的時候，所以

沒進來。吃過飯我到他那裡看他，談了將近一小時。要點如下：

一、他對於學生取「合作」手段，對於教員，「訓練」。

二、說到王提及鍾的事，他說這裡有「廣東系」的關係，這是前張校長留下的。現在有人說是「浙江系」，譬如去年浙江水災時師生熱心。

三、看他對於校務的經營，絕不是為臨事的，是為遠久計。

四、他說送女生事是他用 "Trick" 解決的，讓他（專科和女生）每兩年一次（一次十個），以前定的是每年五個，沒有女的。我傳主素的話，請清華入社，他說董事部裡有人覺著改進社以先攻擊過清華，現在還沒忘的意思。

五、他對待王用手術，處事手腳很靈活。這是好機會觀察辦事方法及將來的成敗。我自己要量力，作能力所及操必成把握的事。建議不要多而濫，看清難點，一件一件的作。（看曹與學生的談話，登在周刊上的，他期望我來的第一大理由是新課程的產出。學生選課是在年中，所以半年之內要產出。）

六、他待我很客氣，我必以忠信待人。

七、他要送出我就職的通知，學生或者有要找我談的。

八、王事的解決法恐怕提起別的教員的反對，大家交征利，以金錢為目標。（這是我的揣測。）

⋯⋯

定大學的課程是很有興趣的事，應當在研究後有一個具體的建議，發表出去。文字要充足。

清華的課程不只大學，大學還是在將來，現在是高中應當先擬定。或者可以試驗作業為單位的課程。

我的態度純粹是研究、求學、預備將來。絕沒有絲毫想作替下的野心。

在校的功夫，是要作教育思想的領袖。

這既是我的事業，我要多讀書、思考、旅行參觀、與識者談話。最要的是能以文字發表意見。

至於執行一方面事，要集眾議，使有通力合作的精神。先得大家的意思，以後再作研究計畫辦法。

我自己量我成功與否（在下一年內）就在對於發表思想有什麼進步沒有。用這樣很好的機會長進達意的工具。

今天同曹沒有談到國學部的事，只於說戴還有一星期回校。將來談到時，一定請他仍舊，為是省出時間來作新課程計畫事。當於計畫新課程時，自然不分中西。

我前半年的工作純粹以課程為中心，別的事不去管他，讓他由舊章去。

明天到辦公室，找出「教育方針委員會」的報告或記載，還要調察以往「課程委員會」同「教員會」對於課程的手續。與曹談，也要問他個人的主張。

7月13日

「樊遲問仁，子曰，居處恭，執事敬，與人忠，雖之夷狄，不可棄也。」

曹雖善手術，在我更當以德待他。來前的定志就是
處現在的清華不以巧，不以學，而以德。

以德服人，為政以德。

剛、毅、木、訥，近仁。

與 B 處，是以學、以識。與曹處要以誠、以愚。

……

下午同曹談，前半有戴在。戴意要早解決國學部有
無的事。我是推他仍舊，因為如果現在更換，名稱難
擬。後來想酌量數日後再定。戴去後，我與曹談教員分
組辦法。

他說這就許是解決國學部的方法，把國學部名稱改
為「國文系」請戴為「代理國文系主任」。

將來各科都要分系（系？或用科），現在已成系的
只有：

（一）國文系，（二）英文系，（三）體育系。

其餘學科都可按組臨時分配：

（一）數學組；（二）自然科學組；（三）史地、
政治、社會、經濟學組；（四）其他外國語組。

英文、體育，均與組同等分會（梅意，均可從），
將來只於大學分系，高中不分。

將來組內學科有成系的，就另有主任。現在只有臨
時主席。擇主席法要小心，要得曹的允許。

現在國學部內的史地、法制，課程歸入第三組，
然而哲學、論理、倫理等科暫屬國文系內。

又談「橫」分組的辦法（將來的大學部，高中部）。

（甲）部 C1、H3 教員，討論課程、學生事。

　　（乙）部 H2、H1、M4、M3 教員討論學生訓練、學科連絡事。

　　曹對於這樣的辦法，也像贊成的樣子。

　　不過要小心能不能講英文的關係，不得已就要兩次會議（英語的、國語的）。那種會無須成為例會，這一點要同別人談談再定。

　　又談到「課程委員會」事，曹意「教育方針委員會」可取消，全歸課程委員會作，由教務主任主其事。校長可請出席（遇要事時）。

　　委員會內可有七至九人，要從速擬定，須在下學期前有草案通過校務會議，為下學期選科用（可用甲、乙兩部教務會幫助課程事）。如為課程事，中英語更可分。

　　我說在三月後可成功，這話恐怕太誇張！要取試辦態度。不要自任，自己也不要功，也不要名。

　　下年可請梁任公作國文系顧問。戴願意親身請梁來。要同戴談後再定。

……

　　我當戴在的時候，對他又說主張不廢國學部的話，恐怕 T 以為我反覆，或者是用手術，這就是我自己失誠。我所為難的是名稱同戴的態度。

　　我所建議的教員分組法，要同舊教員談。

7 月 14 日

　　昨晚睡得不好。

　　明明還是吃的不如以前，並且每早的熱度總在一百

以上，我很怕他有什麼特別的病。

又加上自己國文不夠應用，恐怕因為這個緣故，不能得完美的成功。這是很可愁的事。

小孩不能強壯，一家不能安寧。家不安，我也不得好休息，我自己身體不好，精神必不能振作，致於見事容易生煩。現在搬到清華來，情形又回到在天津小孩進醫院前的樣子了！

下學年事務一定是很忙，沒有好精神是不成功的。然而現在愈急愈不能往下作了。

不要因循延遲，有一件作一件，能作多少就作多少。一定不許愁！

本來想今天進城去，因為小孩不舒服，怕 W 一個人生煩所以延期進城。下星期二約會同主素談開會講演秩序，談後可以買東西去。

小孩的熱度或者因吃的水不足。

既是因為小孩病不進城去，下午看小孩，讓 W 休息休息。

可以在家裡作的，如同知行煩我的事。

……

造新課程的原則：

一、不專靠機械，要看教員、學生的個人。

二、不要眼光太高遠，總以能實行為歸依。

……

對於執行教務上的事，也不要包攬過多；凡可仍舊的先仍舊，用力只於課程上。

……

與月涵長談，得益很多。擬定「課程委員會」：
莊、陳、梅、余、戴、張、Elwang、Heinz、Danton。
政策，高中的要擬定，大學只可暫草，理由是大學課
程應由大學教授負完全責，現在不應限制將來的大學
教授。

高中部有自己的教務主任；大學部，各系有主任。

人選：高中可請余；大學要約新人，如：胡適之、
張君勱、趙元任、徐志摩、陶孟和（？）、梁任公、葉
企孫（物理）、劉崇鋐（史），以後在人上時時留意。

課程委員會可開 Hearings 會請人發表意見，又可
利用甲、乙兩部的教務會議，討論課程，如此將來在校
務會議時定可通過。

分組的主席，及課程委員會，都讓曹出名委派。

戴改名「暫代國文科主任」。

7 月 15 日　星期日

今早覺爽快，想是因為以下理由：

一、小孩又仍舊吃奶了，昨天晚間同今天早晨兩次
都吃十兩上下，只於較比從前稍稀。

二、昨天同梅談的很暢，有幾難題，就像似有了辦
法似的。（其實不過是空的計畫罷了，實行的真難處還
在以後啦！）

三、昨天接著志摩信說君勱有要事同我談，當代的
文人有看重我的意思，自己無形覺著聲價高些！這樣的
感覺實很淺薄！自己的能力如何，人的知與不知，不應
生差別的感覺。

（昨晚睡的還安靜，今早又沐浴。）

固然人情是被景況影響的，然而喜的時候，不要
忘了憂，憂的時候，不要忘了喜，那樣情感可以漸漸
的在人的掌握之內。這種工夫不是容易作的！

綜上三喜，應有三憂：一、家人的康健（醫院等
事、傢俱、傭人），二、不能以誠以愚服人，三、國
文的大恥！

7月16日

又沒有天材，又沒有學積，一天一天的空空度日！
今年卅一，毫無一點成績，那有什麼大謀之可言？

為學不能有專心，作事不能大量耐煩！有時露出一
點小聰明，自己還以為滿足的了不得！

到一九三二時，仍是依然故我嗎？

花開的早的，落的亦快，這是固然。可是不要誤認
了不能開花的草木，以為他將來有大成的希望！

想長進，現在最要的兩方面：一、德業（恭、寬、
信、敏、惠的美，去四惡——傲、怠、偽、貪）。
二、學業（國文、國史、國情）。實在德與學無須分，
德即是學，學即是德。不過一方面多注意在自持處世
的精神，一方面在利器達意的課程。這樣分法亦是按
著我現在的急需定的。

德業，每天自省，謹慎言行。學業每天讀中國書，
常用中文記事，抒情。

「無欲速」，十年後看效果。不看現在的小成敗，
自然也可以「無見小利」。

　　下年在清華只作能力可及，操必成把握的事，那末，最要的就是課程裡高中一部分。

　　國文科的事要完全委託給戴，小心現醜！要緊要緊！

……

　　在辦公室，上午同戴談國學部事，還沒講到改組。下午曹來長談。先講些空空的社會哲學，他表明對於老道德的崇敬，又述說近來讀 *Yale Review* 裡論大學教育的文章，美國大學自己是改組的時候，我們沒有跟隨他們的必要，我們應當自創。講的都是很想進步的話。話裡又露出意見。校長的職務有兩方面，行政與教育，而近來趨勢，教育的事大半交給教務主任作。

　　他很想造久留的資格，所以思想、學識都用力學「內行」。在行政方面，漸漸的要人都是他引入，他說，會計一席不得已將來亦要有新知識的人。

　　各種新的試驗很不少，他亦很聰明，利用機會往進步去作。

　　今天看見畢業同學書記的計畫，很遠大。將來能到各處同學會接洽，與學校前途政策有沒大關係。這裡有大運用的機會。不知道畢業生有組織力沒有？將來還有介紹職業事務，這更是聯絡的機會。

　　一般新畢業生裡面很有政治組合的趨向。將來對於學校亦一定有一種大的勢力。這樣的勢力如果造成功了，恐怕要不容與他們有舊怨的人在校操權。這種組織要非常注意他！要同識見正大的畢業生連絡，真能指明清華的教育意義。

一方面要在校的學生有正氣，將來畢業後不至於作小政客！

預備將來我有於 T 不利的時候，他就許運用有些畢業生的舊怨。總要見機而退，不作無味的爭持。

果能德服，固然最善。現在還是用工夫在修己罷！他人的議論惟可聽其自然。

清華裡利過多，所以必招來許多政治的活動，這也是不可免的。義能否勝過利去，這是根本問題。能則留，不能則止！在我一定是如此。只要德、學都夠重量，無論去留，都有相當的影響。

雖看清楚什麼地方應當留意，然而現在要用全分力量放在德、學的預備，不管暗中反對的可能。態度要表白清楚為求學，為研究，絕不爭地位，絕不為現在的權利。自己如能看的遠，也絕干犯不著好利的人，他們大半爭的是現在，或是眼前的將來。

我的性情向來不能以厚意聯絡人。我自己好靜，好自己思考，不能作政治的活動。見人多，說些無味的客套話，我就不耐煩了。論到作領袖，我不能與人接近，作自然的友伴。有人一定想我遠而冷，多批評，好懷疑。群眾式的領袖，我沒有這樣才。我的態度容易讓人覺著我驕傲。這亦是我的大病之一，「傲！」

「圭角」——自以為奇。是可貴的！再進應當渾厚。以誠，以愚。

「子帥以正，孰敢不正。」下年正是道德修養的最好試驗所。看看孔孟的道德學說能否實行於現在。這是狂大的志願，作時要非常謙虛。

「以能問於不能，以多問於寡，有若無，實若虛，犯而不校。」

「用之則行，舍之則藏。」

「危行言孫。」

每早讀孔孟書，幫助自省。

7 月 18 日

昨天進城，因為下雨，一天過洋車上的生活，回來覺著精神乏倦。下次進城去如果下雨，要用火車，不用洋車。

午飯在松坡圖書館，見著君勱、志摩。他們不知道我在清華就職。君勱預備辦「自治學院」，名目上算是東南大學的一部分，大概設在上海或蘇州，費從江蘇省出，每年約八萬。他約我幫忙。現在我既不能去，他要我給他想人，美國人（三個）及留學生。

這又是東南的發展！南開的「文化院」恐怕辦不成功了，明年梁大概到清華來，現在張也另有職務了。這也是經費不夠用使然的失敗。東南與政府是聯絡的，而江蘇又是很富足的省，所以他們發展佔優勝。

南開的將來，一方面財政，要靠私人的捐助，一方面人才，要靠一般同志，尚義不尚利的人。有了基金後，要作內部整理的工夫。

清華的內幕非常的雜亂！

外部有外交、政治的關係，美國公使及外交部的員吏都要有分；外交上，政府裡有變更，漸漸的要影響到學校。固然解決辦法是另組織獨立的董事會，然而看現

在的情形，一半時不能作到，也怕 T 不願意他做到。如果辦到後，外交上的人才自然沒有掌權的必須。

內部，職教員多為小利誘，太注意利益均占，對於小節目上互相嫉妒，惟恐別人弄到自己前面去。因為這樣，稍想計畫內部的整理，就發生許多懷疑、誤會。病根在錢多，而以錢為職務輕重，人格高下，學問精粗的最要單位。「上下交征利！」曹就想保自己的地位，手術是特長，所以下必有甚焉者！

內部最少的是為義。不為利的精神。不然講些假道德，說些冒充內行的話，學生的道德是萬萬不能提高的！校長既然不是為教育而來作清華事的，如何可以期望職教員學生有純粹為教育而犧牲個人私意的可能？

昨天訪余日宣，談到課程委員會會員支配，及教員新分組法。他說 Smith 應當替 Elwang。對於分組事，他稍露出自己樂意作「政治、社會科學組」主任的樣子。我原來想讓他作中學教務主任，現在看出，他的志向絕不在此！第一步，他要作政治系的主任（將來分系後），或者野心不只此！

又談中學訓練，下年不能把 H1、H2 合並在一起，他想學生要生反動。這個意思很對，應按著他的主張，等過一年，如果產出新分部時，再作。

昨天聽了余的意見後，覺出人的問題的複雜。我自己如果有主張，亦要等找出別人意見後再發表。我前一星期有一點露出意見太多了，這是犯戰略，應當前面露出的面積愈少，敵人愈難揣測你內容的實狀。

一年之內不要露出主張！有意思，自己同日記談。

與人談的時候，總要先給他講話的機會。

余說，戴以先是讚成西、國分的，以後同余談後，才擬出裁「國」的意見，據余分析，戴現在愈力辭，愈是貪位的表現。這也或者有之。

……

不言，不笑，不取：「時然後言，人不厭其言；樂然後笑，人不厭其笑；義然後取，人不厭其取。」

「巧言令色足恭」，可恥！

「患得患失！」大謀，遠慮，必須完全為義不爭位！

處清華的原則：

一、為義，不為利，

二、為將來，不為現在。

……

下午同戴談到改組事，他的意思要作「副教務主任」，這個意思他從去年就有，這都是給自己留地位的計畫。我給擬的新名目「暫代國文科主任」他不大由意。曹同我一致主張，所以現在算是作一結束。他自明知國文主任不能久佔，所以想移到教務上去！可憐！

他將來會生反動，要小心！自己的國文根柢要快快用功！現在快把明年國文用書都讀了。這次在南開時要同任公領教，多參考對於幾部老書的批評和校正。

將來要請適之或別的有新舊學問的人來主持國文系。

各種事，戴擬的還請他招顧，看他肯負責不肯。如果不肯而又發生枝節，那當另有辦法。

史、地、法制（中等科的）、民國史、外交史（選科）都分在國文科外。我得自己負責，或請他們中間一人為臨時主席，或歸入「政治、社會組」。

這五學程的教材仍按戴擬的進行。

「上下交征利」曹很曉得的，他是同這種人智鬥。智勝是一種方法，然而德勝的效果應當長久些！「舉直錯諸枉，能使枉者直。」智是必須有的，然而較他還要緊的是「子帥以正！」

7月19日

今早十時約莊澤宣談。請他罄其胸懷。亦要聽他對於學生、教員的分析。試引為同志，為義不為利的通力合作。

「古之學者為己，今之學者為人。」

「子貢方人，子曰：賜也賢乎哉？夫我則不暇。」

「君子思不出其位。」

「不患人之不己知，患其不能也。」

（凡四出，孔子蓋履言之）

下午訪古月堂諸位先生，觀察生活狀況與團體精神的關係。（沒作）

……

昨天曹同我講，開學後第一次全體校務會議時我可以報告我的教育方針。這次是用英文為主的。在第一次開學式時，對學生也應當有發表的主張，這是用中文的。暑假期內要預備這兩篇文章。

7 月 20 日

如何對待戴？如何「能使枉者直」？

「子帥以正」是一個辦法，然而細目應當如何作？

在態度上最要的是：赦免以往，提醒善根。不要以為一個人有過一次不良的行為或計畫，以後永遠成為不良的人了。如果這樣看法，那末世界無完人！

今天見戴不見？

能在誤會萌芽的時候，用一點注意，可以省去將來若干唇舌。按這樣看，是找他談談好。

然而作事要有決斷，這是第一場戲，若是唱壞了，於將來大有妨礙。既是有了判斷，要堅持不移。

最好的結果是，不改判斷，同時不傷感情。能作到這步是莫好的了！

若是同他談，要表明，想改組的是他自己，如果他現在覺著不便，有什麼別的建議，我很願喜容納。對於下年教員同課程，仍請他負完全責任。以至於史地課程既然已有計畫，最好按著計畫去作。

下年應改的事很多，現在能少一個敵人，最好是和平了結。我本來是不想現時改組的，然而他既來提議，我才按著改組方面設想。如果他現在仍想回到原來的名稱，我更是歡迎！

至於他的建議，教務主任應有副主任，試行一年後再定。（這一層太軟，沒用）

下年辦公室，改在現時庶務主任室。（不能）

他能合作時，要用他的能力、勇敢。

最好是凡事待一年後再作全體的整理。仍舊例可以

不起風波。

7月21日

　　昨早九點前去古月堂訪戴，去時他將洗臉，很不客氣，讓我到他房裡（衣服尚未齊）。談約一小時。同到辦公室，我約他談公事，這個時候才講到我所預備的兩層意思。他看辦事條理上還清楚，所以很表現願意合作的樣子。我同他說，他的副教務主任的建議，現在無須，因為將來有各科主任時，自然他們都可以算是副主任。他說，他的建議是為不得已情形的，現在教務主任既已得人，自然無用。但是前兩天他心中所望的清清楚楚是在教務上佔地位。這也是言語可憐的地方！

　　他是不能容納胡適之一派的人。他很願意梁任公來作特別講師，可以給他的主張上加力量。

　　他像是樂意安分往前作的，這樣下年我可以少一部分的煩擾。然而對於這一方面實在的力量是在有國文的學問沒有，這是真的，運用別人的能力是一時的，不是最可靠的。現在既是有人可以暫且擔負責任，我可省出一點時間來為自己讀中文書。

　　國文的事算是作一小結束，我這第一場絕沒有新奇的地方，總還是唱下來了！

……

　　昨天見李庶務主任，先談瑣事，後談要事，這是秩序的錯誤。談到戴辦公的地方，他想註冊部定要用現在的庶務主任室，或者可以在裡面給戴放一張公事桌。

　　因為我自己沒有一定的主張，所以也沒有往下談。

　　國學部因為有執行性質所以有辦公室，國文科是教務性質所以按條理說不應有執行的辦公室。這個問題如何解決！有什麼意思要未去定了才好，因為現在就要起首修改了。

　　將來各科主任辦公室都應當在圖書館。現在國文在那邊有沒有屋子？

　　如果先生、學生與各科接洽的事都在那邊，我再與科主任接洽就費時間了。

　　若是勉強註冊部讓出一間房，他們一定覺著不如意。並且我要自問有沒有用一個中文書記的必須？若是有，能否暫放一張桌在我現時的辦公室裡？

　　現時還是取讓的態度好。如果有中文書記把他放在自己室裡，或是王的室裡，國文科主任辦公要到圖書館去，現在的文具室留為課程委員會事務室，內可放幾張辦事桌為科主任用。既是現在我自己沒有一定的主張，最好有主張後再同他們交涉。

　　主素昨天信裡煩我轉校長函，通知平民教育事。這裡恐有手術在，利用我來吸收曹引清華入社。下次再有轉達的事，無論面託或函寄，都要小心。主素是研究三國志的人！然而小手段也很無聊！

……

7 月 23 日　天津南開暑期學校

　　昨天從清華來，今天上課。

　　兩門學程，中學訓育和中學課程。

　　兩班報名人數均在三十上下。中學校長，教員不

少，本大學學生亦有。

每班裡人雖然差別很不等，然而在短期內，他們願意有一點具體的心得，最好是切於實用的。

選這兩學程的大半在中學裡任職的。

⋯⋯

已竟上過兩班。今天在「訓育」班說的氣過熱了。下次要冷靜些，為他們想辦法的細目。（沒作到，以致失敗！）

7 月 24 日

昨天群居終日，沒有給 W 信，也沒有作預定的事。

今天要作應作的事，有讀書的時間。

現在梁任公講「中國近三百年學術概略」，每天下午四至六。我昨天去聽，材料真豐富，這才算是學者。

反省，現任改進社研究員的名，然而這半年曾作過什麼研究？自己對於學術真有一種不可揭止的精神嗎？自想太輕薄了！研究一點點，為的是小名，小地位罷了！

⋯⋯

晚十一時。

今天同志摩談的很多，我覺出一種特別的力量從他的精神上湧出來。

我多日不同智慧充滿的人接近。在清華最少的是精神的感觸，大家為地位的計算太多了！我自己也有這樣的病！

　　不朽的大期望！是從功上立，或從言上立？自己本來天資有限（自己要誠心認的），而學問上都是淺薄的，並沒有深刻的工夫。自己上進好勝的氣（恐怕是虛氣）！還有，所以看見他人比我強的，自己就想立志前進。

　　不要以為只於是國文及國學沒有根柢，說到西洋的學問和文字，我又有什麼特長？

　　既沒有專學，就容易被手術的引誘！就容易對於地位有患得患失的惡念！

　　這兩個星期在天津受了激刺要努力求實在的學問，快快預備好達意的工具，不然就是自認卑下。

　　今晚讀 Newman's 論大學性質同大學教育的目標。他很注重活人的影響，大學就是聚集，傳授這種影響的地方。

　　歐洲雖然去過，不過看一點外表，真正文化沒有研究。我只能讀英文不通法、德文，這又工具的短處。現在有家，想再到歐洲求學一定作不到的，至好可以再去遊覽一次（五年後或有機會）。在歐洲求學固然是必須的，然而預先要有好的根柢，要有可造的天材，不然全是空想！

　　在文字上，我的記憶太弱了！讀過就忘。至好用劄記幫助。無欲速！十年後的文章一定要他可以拿得出的！

　　除去堅強意志，作苦工夫，瘋工夫，沒有別的方法！

　　不要以出現時的小風頭為滿足，我來是讀書來的，

不要失去機會。

　　常住清華環境裡，精神一定要滅亡的！

7月25日

　　昨天在班上教人要有支配時間的好習慣，自己有幾天沒有照樣作了。

　　看從清華帶來的事是些什麼？

　　一、請梁、戴吃飯（本星期定，下星期吃）。

　　二、買物件（星四作）。

　　三、清理帳目，清理書籍。

　　七至九：預備功課。

　　九至十一：上班。

　　十一至十二：讀書或訪教。

　　一半至三：休息，看書。

　　三至四：中學會。

　　四至六：梁講。

　　六至九：請客。

7月26日

　　昨天同志摩談，對於文字我是一個啞子！文字上此人都不能潤澤暢快，也天生然。

　　空談！要實作去！十年苦工夫！

　　八至九、九至十一：功課。

　　十一至十二：送出清單。

　　一半至三半：休息、讀書。

四至六：買物件（馬宅）。

七半至八半：訪人。

……

星六同清華消夏園學生談「體驗與求學」。

下星二，在此地也用這個題。

7 月 27 日

幾夜沒睡足，精神乏倦，容易動怒。

昨天同月涵拜謁嚴老先生，「偽」的老工夫總像不自若，然而這已竟是北方的寶貝！

夢松昨天下午來談見梁事。

下星三約梁在晉陽樓吃飯，亦請嚴先生。

W 無信，覺著不安，不知出了什麼事沒有。今天下午回清華。

文學興趣因同志摩談，又來叩門。這樣小才氣的外露不能遠久。自己有什麼文學的真工具？

近代西洋文才是氣浮，不能忍，不能靜。

所以我每對於文學發生熱力的時候，也覺著氣浮。這幾天又是因人而轉移自己的興趣。還要作自己定的事，看定一事，不能堅持作去，這是最弱點，這就是奴隸的根性！不能真有為的表現！

7 月 28 日　清華

早同消夏園講，題為「冷靜」，引了許多先聖賢的話。現代文化容易使人浮囂，舉例：交通、新聞紙、廣告、心理測驗。救濟方法：習默、習行、習苦。

有的地方，言過實，既勸人冷靜，自己少說話。先
作事後說話，找難事作。

7月30日　南開暑校第二星期。

梁、徐要譯 Tagore 的劇本，秋天他來的時候演
作，徐讓我排演。這樣工作用的時間很多，要量力酌
定。排戲的細目我知道很有限，如果擔任下來，難問
題一定很多，布景、衣裝、發音、動作，各方面都得
注意。若是許可幫忙，也必須多約助手，自己處備問
的地位。

7月31日

晚志摩講「未來的詩」，我「戲的未來」。

8 月 1 日

晚在晉陽樓請客，到的有：梁、戴、楊、閻、凌、卞、梅、張（大夫）、徐。

8 月 2 日

下午訪戴，談國文教員事。

對於課程，這幾天覺著不耐煩。我想聽講的人或者也覺著我有一點自傲態度，並且我預備也不注意。

我以往的經驗也是如此：每逢入到美術的態度裡，最容易輕視人，對於瑣事不耐煩。在紐約二年前，因為演劇未免得罪人，露出驕傲氣！

藝術大概是容易讓人發狂的：講到藝術的時候，頭就在雲霧中了！我這幾天因為常談藝術，所以在班上說了許多小器的大話。這樣的自誇，人以為你對於他們必是看不起，所以後幾日來的人漸漸少了。

想要誠意作教育青年的事，自然應當任勞任怨，不要露出圭角。如果要在藝術上勝人，那末有的時候，因為一時的得意，容易輕視人了。

一方面不怕人的批評，一方面還要有自信自持的把握，不至同那樣的人常談！就受他的影響。

四書沒有帶來，在此地多讀些美術的書，所以氣就浮起來了！

然而真藝術家一定是謙虛沉靜的！藝術不是不可講的，只於不要讓他感動我的氣浮。

王爾德的作品，自然是浮的；Pater 的作品，容易使我懶惰；Tagore 容易讓我坐在那裡作夢；讀完了讓

我作事的有 Emerson、Nietzsche、Shaw⋯⋯

8月3日

今天同正定第七中學的耿先生談，他說班上有人覺著我罵人太多，不能服人。

我自己太狂了！這是我操行的失敗，不能了解本國人的心理——他們不喜爭論，都願意人沉心靜氣的述說實行細目。

因為多注意藝術，氣浮，所以有這次失敗！（不應怨藝術，只能怨自己！）

⋯⋯

今天下午去買東西，明早回清華。五哥、嫂這次不同來，過幾天再定。

8月5日　昨天早晨回清華的

昨天在車上，遇著梁、徐同林長民。讀林對於國會同人的宣言，文詞很精練的。想到現在作白話有成績的人亦都是文言文很有根柢的，所以文言的工夫一時是舍不開的。如同梁、林，一般人的力量，都以文字為不可少的工具。

既然如此，要好好的讀起古書來了。

在天津同喻談買四部備要，問北京中華的價錢如何。

我有兩部分的工作：一是現在職務上應作的事，一是補以往的不足，或者也可以說是預備將來達意的工具。

　　現在職務上應作事又有兩部分：一是清華教務，一是中學教育課程的改造。

　　有這樣忙的事程，我自己的習慣又不能作事敏捷，遇事即刻判斷，所以下年的工作不能不算難了！

　　我對於學生已竟有過三條件：一、少說話，二、多作事，三、找難事作。這是在此地第一次宣言說的。我自己應當按著這樣作。按著擬定事程，是有了難事作了。要看一年後的成績如何。

……

　　兩星期後，改進社年會來了；兩星期內預備演講稿子。年會後不過十幾天就開學了。

……

　　定醫院，買傢俱──這又是一部分家裡事。下星二進城，到改進社，再買物。

……

　　讀前一月日記，集得下數條：

　　一、在津不能渾厚，露出傲狂。

　　二、在消夏園講演，不能言孫。

　　三、總要以君子之心測人，不應想此地人都為利，這樣看法，於事實不合，於人也無益，不如寬恕些罷！

　　四、努力求實在的學問。

　　五、改進社的「中等教育研究員」已竟作過什麼事？將來可以作些什麼事？

　　六、在校作事，要先覓出別人的主張，千萬不要露出一己的意見。

　　七、教務上最要的還是提高教員程度。

……

　　現在顧長外交，不知對於清華董事改組有什麼政策？曹對於顧，又不知要有什麼提議？知行又去進行他的主張嗎？改進社年會不知要釀成怎樣對清華的意見？

　　幾方面都很可注意。

　　然而自己處研究地位，不要引起誤會。無論那方面有推舉的建議，定要堅辭。自量學問、材能，真不勝任。為事計，為前途計，要看清現在純是求學時期，不要因執行而限制長進。

　　在天津聽人傳言我將來要作 P. T.，這種傳言足見一般人的揣測。貪是人共患的，能自持的工夫在此處可見。

……

　　開學前預備：第一次校務會議的報告（英文）；第一次同全校學生的談話。

……

8月6日

　　今早修改「冷靜」講演記錄。

　　到辦公室，理一切近來發生事。

……

　　下午同曾遠榮（H1，四川）談，問他講演的反動如何。他說有一派人以為太靜，也有人以為正合清華病。我自己覺很得意似的，其實有一部分人不滿意。

　　我知道自己的學識道德都不足為人師，然而想得著全體的歡迎是不可能的；「眾好」、「眾惡」不是可靠

的標準。

　　既然知道無論那種主張必不能得全數人的許可，自己對於自己以為得意的事要小心些。

　　大家的評論也不是講演一次可以認為定的。不過要作倚靠自己的工夫，自己認為應作的就去作，自己認為應說的就去說；作後、說後要自問心無愧，不能顧慮太多。

　　曾說，新來的人還有勇敢，在清華久了，就不能動。舊習慣的力量非常大。我問有什麼建議，我很歡迎。他說，要我多注意事實。他在清華受的困苦很多，特別教務上毛病最多。他說，去年來的三位教員，莊、蔡、陸，學生很滿意，初來時很敢說話，一點一點感受舊習慣的壓迫，也難有成效。

　　他說了多次舊習慣的勢力。教員說話的力量，與年數作比例。（這恐怕是去年新教員受的經驗。）

　　他說，董事、校長問題一時不能解決，學生希望的，能得好教務長的就是好校長。T 很鼓勵學生建議，學生也很喜歡同他合作，兩方面辦事很順適。

　　「冷靜」稿子再斟酌的登旬刊不登。是我怕批評嗎？是我怕嗎？

　　離開受恭維的地方，到一處受批評的地方，是莫好長進的機會！我很喜歡到清華來了。

　　最要小心的是自己的身體精神，千萬不要過力，一乏倦了，什麼事都作不成功了！

　　下年的事一定是很忙（清華事、改進社事、求學

事、家事……），這是試驗我能力如何。想各方面都能成功（都能讓人說好），一定辦不到；不過盡力為之。已有的事，很夠忙的，以外的事，別攬了！

……

在校的學生先生中間，對我很有懷疑！同時我自己也知道程度太低，難能服人。如果自己再一驕傲，反動自然發生出來。這是很難處的環境，不知將來結果如何？可慮可慮！

……

「躬自厚而薄責於人，則遠怨矣。」

8月7日

昨晚戴來談，梁講演時間，草擬星四（三至五間，一星期）「群書概要」、（七半至九半）教職員討論會、星五（四至六）「近三百年學術史」。

下年為改進社星三（上午、下午），或星一、二（下午）。一日比兩日於我方便些。

「君子不可小知而可大受也；小人不可大受而可小知也。」

今早進城，與慈幼院中學主任談。下年初中第一班，很可供試驗。又有清華的高中，如果我有具體的主張，下年是莫好的機會。

在這兩處實驗外，下年在京講演（或分校，或合），再有可作的就是讀書寫文章。

……

下年清華同改進社都應有好助手。作事效率如何就

在能用助手不能。

　　社裡可作的事有：實驗、講演、研究、答問、出版，不過這五類。

　　如果能有一個高師研究科畢業的來作助手，或者我可以幫他把中等課程一部份事擔任下來，不然我自己只可在頭兩項稍微作一作。以四分之一的時間不能期望收效很多。

　　將來別人一定要批評，白拿改進社的錢不作一點外面人可以看見的事。

　　McCall 一年內的成效很昭昭，全國都看的見，也實在是有具體的貢獻，批評只管批評，然而實效是在那裡人人都可以看的。我回來這半年有了什麼成效？將來可希望的又有什麼可能？作不到半年，又跑到清華去了（一定有人說，這是有別的野心）。這樣的批評是人人容易有的。

　　我果然失信過一次，以後再作無論如何計畫就要沒有人聽了！不能以愚以誠，就是不能以仁守，雖得之，必失之！

　　「知及之，仁不能守之，雖得之，必失之。知及之，仁能守之，不莊以蒞之，則民不敬。知及之，仁能守之，莊以蒞之，動之不以禮，未善也。」

　　中學課程研究是我的建議，我不能問別人如何去作，別人都很願意幫忙，計畫在我定，將來的效果由我負責。雖然一時無露於外的成效，可是我自己得有一個堅持的計畫，將來必有成效。如果沒有這樣的誠心和計畫，那時不要問人，自己立刻辭職！

別人也都看這是我自己的事，我自己負完全責任。

……

我自己的主張沒有同別人見解一樣的必須。

……

無論別人有什麼批評，國家情形如何亂，我的主張也要作下去的！

勇。

在城裡遇見熊、知行、主素、楊（慈幼院新中學主任）。楊，無錫人，主素舊交，年約五十。

熊讓我擬中學課程，我不自量，就隨意說了我的主張，他們恭維我，想將來一定作不到！三國志又勝一伐！

知行說他已竟辭東南兼職，全力在改進社，這是很好的。我禁不住有一種逆億，恐怕這是主觀的，「地位」的觀念，現在的人都太深，所以互相逆億的毛病就來了。

然而人心難測，雖不逆億，也要「先覺」。

弱人因爭位，才要結黨，強人自然不懼，因為他可以獨立，所以不患得患失。我自己要勉強作強人，富貴「如不可求，從我所好」。作我所好的事，就不顧地位了。

「古之學者為己，今之學者為人。」

要完全舍開 P. T. 的惡念！純粹以誠心能力來作我所好的事。

焉知在校沒有對於 D. T. 有自抱比我能的呢？

氣勝、爭面子、貪高位——這些不能打破，自己不

能得真快樂！貪位與貪利沒有分別。人要比位大，不要
用位來大人！

「不怨天，不尤人，下學而上達」；「得志，與民
由之，不得志，獨行其道。」

……

為年會演劇，找我幫忙排演，我因為別的事太忙，
以後辭了。

8 月 8 日

嫉妒是人人有的病，中國人特別利害；看別人比我
好，就想與他爭。這是因人多機會少產出的嗎？無論起
源如何，在中國作事最大的阻礙就是與人爭地位。這是
道德墮落的最大病根。

大家批評 T. T. 嫉，余評戴也說嫉；自己小心不
要嫉！

要為事作事，因為自己好，就是覺著有興趣，不要
因為利祿、地位、名望。為後幾個緣因作的事，終久人
看得出，終久不能長。

……

如何幫助在清華的青年為將來中國的人才，這是
在此地的事。必須認識這般青年都是誰，然後才能幫
助他們。

還要認識作幫助事的人，就是一般教員、職員；要
常尋機會與他們接近。

認清這就是我的事，努力作去，不管別人一時的評
論，那就是為事不為位的精神。

「遠人不服，則修文德以來之。既來之，則安之。」

與教員、職員接洽，容易讓他們覺著冷、高。這是缺點，要用真誠來補救。

「知及之，仁能守之。」

⋯⋯

事程

一、與志誠談。✓

二、見夢賚。

三、預備第一次對教員說辭。

四、見陳有虞✓（參觀消夏園）。

五、中文書。

六、讀清華周鎸。✓

⋯⋯

昨天外交部交際司來電話，問對於哈丁死，有什麼表示。今早開了一個職員會議，議定送輓聯、花圈，及赴弔。報告給交際司，過了些時，有回話來說送物可不必，只有學校代表及學生赴弔就好了。本來學校可以無須有什麼表示；既然擬出辦法，又給否認了，這明明看學校為外交部私有產！這樣態度又小氣又可惡！

⋯⋯

知行下午來電話，要在清華辦「平民教育」試驗。我有些懷疑點；他大不滿意我冷的態度。他以後說「你給我找一個熱心的」，這清楚是罵人！

然而自問是有私見的，這從怕上生的。地位有什麼可怕？成功有什麼可怕？

「君子成人之美」，如果我不認這類的平民教育為有用，自然有我的理由。他就許想，這是我嫉他的成功。我雖存疑，可以他試驗去。

所以人與人的交際是非常複雜的。

明早知行來，我守我正大的存疑，同時要成人之美。我有我獨立意見的天職。至於他罵人的話，不必再提起。如果他要我幫忙，我可以量力斟酌，如果不要，我有我自己的工作。大概，他一定努力直前，給我們這些多疑的人創出一個證據。

電話他還說到顧總長的代表……我沒聽清楚什麼事，明早來再打聽詳細。

睜開眼，看將來，不知有什麼作用？

8 月 9 日

今早陪知行，有餘時預備年會講演。

8 月 10 日

昨天知行坐汽車來。與學生三人談話時，盡說的是 Demagogue 的話，煽惑青年，說些個「破天荒」、「作全國的領袖」一類的話。

他又用平民教育促進會的名給曹同我一個命令，讓清華如此這般作。

小猴子的手段！這就是「東南」的澎漲！

他一定在那裡要鼓動董事部改組事。我們要想出一種新的組織法，不讓這群小教育政客干涉真正學者的事業。一個學校的組織，要給學者（先生、學生都有），

最好求學的機會。

誰是學者？

如果改組後，董事多數落在這群人手裡，還不如不改了。

為清華要創出一種新制來，全可以不用形式上的董事制；現在董事制真作實事的很少，大半是給某人或某系作傀儡。

「教育督軍」鄭，等於曹三、四，陶想作吳佩孚，同他們通氣的有蔣。舊教育系是嚴，現在范還沒回來，陳在教育部是沒大本領的。將來北高（或師大），還不曉得落在那系勢之內。南開亦可以算是繼嚴的，可以特別有一部分外國人的信用，不是嚴的。

狐疑！

清華試過金，失敗，很於嚴不利。現在外自己佔據，而都是外行，到東南請人，不來。鄭要清華大改組，然後董事同校長都可以有參與的機會。

外叫我來，這樣南在清華將要不給鄭、陶留地位。所以陶有活動的各種表示。

論學問，鄭、陶都是空的；他們所依的是他們的巧（巧言、巧計）和新聞政策。談學問，現在還是胡、梁及同他們往來的人。

鄭在「課程標準起草委員會」把胡拉上，現在東南又讓君勱辦「自治學院」。

東南對南開外連，暗攻，向來的政策！

現在我在清華，在內是建設，在外如何？

如果鄭、陶野心發現，或敵或退。如敵，惟一是聯

南、外、胡、梁。如退，找一讀書的地方，不問教育上的「政治」，作教人才的工夫。

⋯⋯

今年年會時再詳細審察（請 B 住在家裡）。

8 月 11 日

昨天下午同李、徐、麻倫進城，到協和醫學禮堂為哈丁追悼。在車上來往談話時，我有自以為「有」的態度，談美術、歷史，我都曉得的樣子。這是不能容眾的惡！

「色厲而內荏，譬諸小人，其猶穿窬之盜也與。」

「鄉原，德之賊也。」

「道聽而塗說，德之棄也。」

「其未得之也，患得之；既得之，患失之。苟患失之，無所不至矣。」

陶今早來（他現在住在蔣的家裡）。

⋯⋯

事程：

年會的講稿。

B 信。

8 月 12 日

志摩送來小說月報（十四卷四號）。我讀了志摩的「曼殊斐兒」，今早又讀顧頡剛的「詩經的厄運與幸運」。

顧很可以作適之的高徒，寫的是同適之一樣的清

楚明晰，有時也很能說笑話。所擬的假設有歷史進化，時代分明的眼光，證據也非常充足。整理古書的條則，適之可以算得漢學的真傳。頭腦真是靈活，讀書也很博詳。

這樣整理古書的學問，絕不是半路出家的人所可望及的！

志摩的「曼殊斐兒」富於情感，文詞很華麗，引詩也很多，不過還有可刪而未刪的地處，從此看出志摩有乃師的雄富，理性上還不能深刻精細。這並不是壞點，為壯年作者，實在是有希望的表現，不至於象有的人的意思太枯乾，字詞不夠用，感情不暢快，那種不可救藥的毛病！想在感情文字上有作品，最怕的是老的太早，被計算和理性給縛束死了。

……

我要提倡學問，然而請問我有那樣專長？我看不起陶一類教育政客的活動，私自批評他們學問空虛，可是我自己的實在學問在那裡？所有的一點知識，完全是道聽塗說不值一文錢！

什麼是我的學問？什麼是我的貢獻？

大學是研究學問的地方，所以學問是什麼必須要問的。

頭腦清楚，能條理事物，這也可以算是學問的表現。有達意的工具，有慎明的思想，有超俗的識見，這些也是學問的工夫。

求學問之道，各人不同。習行的求學法，是我佩服的，然而要行些什麼？行前的考慮，行過的經歷，必須

有相當應用的記載，達意工具。已往的書、文，用處在此，文章藝術的功用也在此。

「大學之道在明明德，在親民，在止於至善。」

……

中國所謂學的都偏於史，所謂「好古敏以求之者也」。現在公認的學問家如同梁、胡，也是對於古書專作整理的工夫。

看日知錄裡也大半是讀古書有得。習齋所謂學的是「身習夫禮樂射御書數以及兵農錢穀水火工虞之屬而精之」。中世的歐洲同現代歐洲所謂學的又不同，Veblen 的分析，說現代可為高深學問惟有「研究發明」Research，與實用毫不相關。

學問的機關，時代各不同；組織法與一時代學問的意義是互相影響的。無論如何，必須先有學問家，而後學問機關可望有真生命，不然，徒有虛名，絕不能引起一時代天才的努力。

現在中國正是大學熱，然而究竟大學為何物，問的人很少。大學雖然如同鮮蘑似的，一天多似一天，然而將來在歷史上有地位的必須是那有學問家的，和能產生人才的地方。

學問是依據人的，絕沒有離開人用組織可以產出的學問！

從這看來，最要的不是多辦幾處大學，還是多造就些真有學問的人！

我自己真是天資鈍，工夫淺，對於學問之道，毫無根基，又因年歲已長，瑣事繁雜，不能專攻，惟望新學

者速起，為我民增一線光明！

……

「溫故而知新，可以為師矣」，惟有能作學問的可以當先生，特別高級教育是這樣。

……

現在我以為最有興趣的是那類的問題？

指定問題的範圍，然後用搜羅、考慮的工夫，日久自有心得。

新人才的修養、訓練，這是我的問題。自己的德學自然是根據，同時也要預備一種課程，可以多數人領會的。

要緊是寫中學的新教科書，那是影響青年教育最好辦法。

朱四書註的影響，有千餘年！

改進社的問題是「中學課程」，我對於他，是有終身不滅的興趣嗎？

是天性不能專？還是沒有找著一生的真興趣？

研究「中學課程」總要到一個地步，你覺著課程不是真正問題，真正問題是作中學教員的個人。所擬的課程，無論如何細緻，你總覺著是機械的！所有機械的都不是教育！

如果能幫助造就些中學教員，倒是一個根本解決辦法。然而想造就一般中學教員，我自問我的人格、學識，同實驗得來的經歷，能否應用？所以，為這個問題，解決手續裡必須有的是我自己要造就我自己的資格（達意工具、普通學識等）和作實驗的工夫。第一層，

可以自己用力，第二層，惟有在清華、南開、慈幼院三
處可望試行。第一層，難是難，然而較第二層還多些把
握，因為在亂世，所有期望別人幫忙的事都不大可靠！

　　能想到，不能作到！

　　就是這三處都誠心願意試行，我必須先把自己的主
張條理清楚，理由足可服人，而後有草擬的具體辦法細
則；不然都是一些自信的空談，必不能有人願意隨著你
的意思行。

　　虛心先作這個工夫，然後再問什麼是學問！

8 月 13 日

　　今早讀至論語末章，可記的話，抄下：

　　「楚狂接輿歌而過孔子曰，鳳兮鳳兮，何德之衰，
往者不可諫，來者猶可追；已而已而，今之從政者殆
而！」

　　「子張曰，士見危致命，見得思義，祭思敬，喪思
哀，其可已矣。」

　　「子張曰，……君子尊賢而容眾，嘉善而矜不能，
我之大賢與，於人何所不容，我之不賢與，人將拒我，
如之何其拒人。」

　　「子夏曰，日知其所亡，月無忘其所能，可謂好學
也已矣。」

　　「子夏曰，君子有三變，望之儼然，即之也溫，聽
其言也厲。」

　　「子曰，君子惠而不費，勞而不怨，欲而不貪，泰
而不驕，威而不猛。」

......

早讀前星期日記。

......

8月14日
進城：中央公園、劉宅、婦嬰醫院、前門外。

8月15日
曹十七日下午回校。

8月16日
昨天下午格林到辦公室來訪。與夢賚長談，兩小時。他對戴與余的主張相同。

余昨天來校，沒得見著。

......

子游曰，吾友張也，為難能也，然而未仁。（1）

曾子曰，堂堂乎張也，難與並為仁矣。（2）

（1）（朱註）「子張行過高，而少誠實惻怛之意。」

（2）又，「堂堂，容貌之盛，言其務外自高，不可輔而為仁，亦不能有以輔人之仁也。」

「務外自高」也是我的病。對於中等教育每看別人的主張，總覺不徹底。自己想的過高，而不肯用細心分析，記載、實驗的工夫。無論識見怎樣高超，沒有實在的工夫，萬萬不能服人的！

工夫全是苦中得來的！我的性情喜歡收效太快。不能下相當的苦工夫。

……

年會的「中等教育」演講，還沒預備好。

用最精的選擇，說三十分鐘。仿 Bagley 在 N. E. A. 講演的精神。引起大家對於某一件事的注意，不能期望聽的人都有專門的興趣。

講演能預先寫出最好。將來為印報告用也必須寫出。這是回國後第一次的發表，應當守「言必能行」的態度。如何指出前進的途徑，與研究的次第。

要這篇東西又徹底，同時又實在，詞意兩方面都要有彩色。說出後，要他真能在青年的教育上發生實現的改變。

下三天工夫，非成功不可！

中國的新教育如何可以產出？

……

下午余來，談一小時，關於德育訓導事。

星四的全校集會很有改組的機會，現在全體學生沒有集會，所以精神上不能一致。

下年多與教員接洽，常到工字廳看報，或談話。

……

晚飯請格林及夫人，飯後談話我說贊成君主的意思，他直直的表現他不喜歡君主政治，認牠為退化。對於政治，既然沒有研究，空談沒有根據，於評判力有害；人以為你沒有正確研究就來下斷語。

……

8 月 17 日

昨天讀大學，今天讀中庸，

「君子有大道，必忠信以得之，驕泰以失之。」

「舜其大知也與？舜好問而好察邇言，隱惡而揚善，執其兩端，用其中於民，其斯以為舜乎？」

「慎獨」是兩部書的同點。這是亂世修養的惟一出發點。

8 月 18 日

早讀中庸，哀公問政章，這是中庸的精粹。五哥同老四早車從天津來。

年會講演正在預備中，起首讀 Snedden「教育目標社會學的擬定」。

當五哥在此地，擬請客一次，時間在星期二或四的晚間；請的人可有：曹、陶、陳、黃、陳、蔣、熊，或本校的李、王、戴、虞、陳（梅、楊陪）。

如果前數人，可在工字廳，無女客；如後數人可在家裡，有女賓（恐怕一次坐不開）。

請單至遲明天要送出。今夜決定。

董事諸位，應當請他們一次，同時可以介紹曹。

別人如何招待？請吃茶不方便，幾天下午都已竟有事。惟可請吃中飯或晚飯。自己桌子不夠大，要早找學校借圓桌面，恐別家亦要用。

招待不能太多，擇賢！

今天下午或晚間，同五哥到曹家。

8 月 19 日

講演題定為「中學課程準繩草案」。

對於中等教育不負全局的責任，只任「中學課程」，並且性質只於為造就領袖人物。

或可名為新君子的教育。

專攻這一個問題，不管中等教育其他部分各種問題；絕不認為中等教育專家，只於是中學課程的研究員。

將來的結果可期望的是一處實驗的中學（如在清華，即是高級中學）產出一種特別實施的辦法，或可出青年用書數種。

我的見解同東南諸位未必一樣，可合作分工的地方，一定要合作。要想統一全國中學課程是萬萬不能的。並且能力太有限，時間又有他事分去。

領袖人才的教育，升學不升學不管他。受相當領袖人才教育的必須能「素位而行」，一方面是「新」（科學的、求進的，不是貪利的、為物質的）。一方面可以繼續舊有的人文化。這就是我所期望的人才。這不是用測驗可以定的——測驗只能量現有的，表於外的，不能量未來的，而有人看到認為應有的。（教育教的不是中數或平均數，教的是各人！）

測驗兩大惡：（一）把學科固定，（二）只注意外形，不管內省。

有這樣的目標，下一層是分析學校細目的設施，能選擇相當的教材，編製成書，或用以有的書，加以刪改，他很可收效。

今年年會可報告的就是中學課程總目標的商確，就是兩方面精神的分析——新之所以新，舊之所謂舊。然後所以新的條件有四則（我擬的準繩），所以舊的條件，要現在用工夫擬出。

有了總目標，又有課程組織的原則，然後各校可以按照各校情形去設法實行。所需材料可由研究機關發印。

這是全篇的計畫。

演講的時候，要說的話很多，應解釋的事也很複雜——如何在三十分鐘要說明白，這是看選擇的才力如何。當作這步工夫的時候自然要注意聽講的人是誰，他們的背景都是什麼？

……

下午到古月堂訪戴，談課程目標事，煩他找關於教育學術和制度的舊書。

又訪曹，談一小時餘，將來改組計畫。年會後研究他擬的十八年計畫。

他要我在開學式有講演，他自己的講演已經預備好了，大概報告下年的新事。

我說什麼話是要斟酌的。提倡求學精神，所謂新舊文化的分析，與環境發生關係，不被物質用雖然用物質，學的意義，美國教育的特長（教務的統一），先生、同學對於教務統一合作。

擇要的說二、三十分鐘。年會後就要預備。預備好，要同曹、梅、余、戴談。

……

明天下午到辦公處，把請國文教員的信由中文文案
送出。

……

明天就開會了，恐怕沒有許多時間預備講演，只得
用舊有的材料。

8 月 20 日

研究議案。下午預備講稿。

8 月 21 日

夜裡三點多鐘醒了，再睡睡不著，心裡不住的想這
次的講演。五點鐘就起來了，把中學課程研究手續的十
問題擬出，作為講演的根據。

8 月 22 日

昨天，早分組，又社務，下午朱經農演講新學制課
程，兩小時，很有條理。（外國話很不少！）

晚飯，曹請社裡董事、幹事，同時莊也請客。飯後
同經農談，忽然想起約適之到這裡住著養病，無須擔任
功課。又說明年再談約經農也來幫忙。這都是一時情感
的話，忘了想一想再出口！以後自己覺出說的不能準實
行，所以又同經農講，先不約適之，等他到北京來後，
面見再講。這是反覆！不能慎言！

現在我覺著素一般的人，對我有不滿意的地方，
以為我自大，或者，太為自己計算，或者一偏之見，以
傲侮人，實無學問。

我也有時有看不起他們的態度！恐怕這是我失敗的原因！「必忠信以得之，驕泰以失之」，「知及之，仁不能守之，雖得之必失之」。

今天下午我演講的時間裡，有全國教育基金委員會開會，同時又有順直同鄉會的茶會。我的驕傲讓我猜疑他們有意看輕我的講演，所以會裡把我放在最末尾，又把基金委員會放在同時，順直同鄉也以為今天的講演不重要，所以也在這個時候開茶會。

這樣猜疑是因為我自己以為我的講演是驚天動地的大言論！其實都是些空話，沒有實際的用處。並且我有什麼實在的學問？本國的文字都寫不通，還談些什麼高深的學理？可憐，可惡！

今天拿「淡而不厭，簡而文，溫而理，知遠之近，知風之自，知微之顯」，作為講演體材的目標。

……

早施滉、梁朝威，拿來上海時事新報八月十五日登的「彈劾清華學制」──陳霆銳寫的，內分四條：不公平，不經濟，不長進，不認真──他們來問我的意思。我答：第一條，事實，是有的，他對不對是一問題，就是不對，如何辦法又一問題；第二條，事實上不盡然，不是所有大學各科，國內大學都「不亞美國」，所以應當分析，分析後還得想辦法；第三、四兩條，都應當有客觀的調查，只於主觀的意見不能認為可靠。

曹答，不是不公平，因為每省有分；如果自由考試，那就全要讓江蘇、廣東幾省的學生得去了。

這是謹慎的答法；看所舉四則，實在都是應當注意

的。不過我想先知道他們的意見，然後再想辦法。

……

8 月 23 日

　　昨天下午的講演，還算不壞。然而自己絕不要得意；一定有人不佩服你的話，背後批評你，人群的意見是絕不能一致的東西！特別是現在這個時代，更是萬事無標準。

　　昨天不過是報告研究的手續，要作的事才起首，離著可觀的成績，還有十年的工夫！

　　沒有人人都說好的事，也沒有人人都佩服的人！沉下氣去，作下一步的工夫。

　　智是美的——聰明密銳——然而只於智，是讓人類紛爭的，因為智的本性是比較分析，目的是要一個比一個高，一時比一時細。

　　只於智，是不能合人群的，智之上必要有仁——仁是知天、知人，「下學上達，不怨天，不尤人」。「下學上達」是智，「不怨天，不尤人」是仁！

　　別人不懂你，別人誠心輕看你，別人不給你作事的機會——無論他們的態度如何，你也不要被他們感動。所謂「不動心」，不怪他們，依然靜深作你的天職，「居易以俟命」。

　　勇是智同仁都要用的，他是火力，附在智、仁裡面的。

……

　　稍說幾句痛快話，又有什麼可以自大？達意的工具

還沒有預備好了，本國文字寫不出來，這是最大可恥！不要空談了，作些基礎工夫罷！

昨天你講的，自己把他寫出來，想靠記錄一定失去十之七八！口頭可達的人數少，時間短，筆可達人數多，時間久。不要多發表，那是應當的，然而每次的發表，都要能用自己的筆。

我現在信件都自己寫不成！還談什麼高深的學問！笑話！

……

年會，我的責任過去了，再一步預備清華開學，和社裡下年的事。

師大已有趙教中等教育，不要我去講演了。北大有高。特別對於課程一部分的研究，有興趣的人恐怕不多，不知道下年的講演辦的成，辦不成。能否找少數對於這一個問題要研究的，聚在一齊。最好他們研究過教育的。（能研究過歷史哲學的更好。）

想作深刻思想的工夫，一定是少數又少數！不能依靠他們。要緊的還是自己研究和實驗。自己要專，只於課程（廣意的），一概別的中等教育的題目不問。

從課程上，可以造出將來中國的新教育哲學。為中國也為世界用！

……

明天在中等教育組報告訓育實施方法。要謹慎，有過一次成功，最容易有一次失敗跟在他後面！

……

中飯來的：朱經農、歐元懷、張見安、王文培（仲

達）、查勉仲、鐃豫泰、劉湛恩、晏陽初、鄭曉滄、汪
典存、胡宣明、趙述庭。

晚飯到夢賚家。

回來後預備訓育報告！✗

明天到古月堂拜訪天津社員。✓

8 月 24 日

昨夜病吐瀉，因為一天吃了兩次酒席，不能消化。
以後吃東西要檢點。

今早在中等教育組報告訓育標準，範圍和辦法，結
果還不算失敗。

施、梁把前天講稿送來，許多的意思沒有記錄，非
要自己能寫不成！

在清華能用中文達意的不多，然而將來一天比一天
重要。一定在下年內把達意工具練好！不然你所想出來
的，只可用口傳，不能久遠，這是最可惜的。

梁、施送來稿子改完了送回去了，然而總怕自己寫
的字不好看，或者裡面有「白」字。這樣的痛苦是最難
過的，快快想方法！

莊、正都是小巧類，他們筆下倒快利，深是不深，
然而有意就能達出來——這也是他們的一種利器。在學
生中間，或者有人認為真本領，真學問？

北人天生能文的很少，然而誠懇不讓南人，如果再
能有敏捷的達意器皿，那樣成效自然可以加大許多。

8月25日

今天是年會的末一日。午飯後同 W 到西山臥佛寺、碧雲寺、靜宜園。

上午，十至十二，赴學術會議，有新學制課程標準起草委員會的報告。

……

大失敗！在會場裡批評鄭曉滄的提議，用太過實的話，得罪了人，於自己的道德上是一大墮落！不應當在會場上批評人過烈，我犯過這個毛病不只一次，這是性薄的的明證！不能厚，就是不能仁，「雖得之，必失之」。

因為前兩天自己以為太得意了！器小，不能涵容小成功！該死！

得罪了曉滄，必須認罪；然而認罪，也是沒用處的了！

「必忠信以得之，驕泰以失之！」

在此地永遠不許再驕了！不許自己以為比別人強！不能誠心謙虛的人必不能成大事。不要一時自出風頭，因為所望的遠，所責於己的厚。

大失敗也是大教訓！

我不同與別人合作，總想比別人強，這恐怕是我們弟兄的同病！

必須能合作然後可以成大業，有德的一定能容眾。

……

又，顧在京請客，沒有我，他拿我當清華的屬員看，我很覺不平。他大概是為疏通教育界的意見而請

客。我既然已竟在外系之下，就沒有疏通的需要。

是我性妒嗎？是我覺著有人輕看我，不知道我的真價值？其實，我真的價值還沒人注意，別自己把自己看的過高！很少的人真正看的起，真正心服——這是白實話，不要自欺！

「知恥近乎勇。」

「至誠不息。」「吾日三省吾身：為人謀而不忠乎？與朋友交而不信乎？傳不習乎？」

起首讀孟子。惟有好好的求學，將來期望加功減過。

以後要練起字來。

8 月 26 日

昨天發言，失實汙人，我覺很大的痛苦，然自問我所以難過的緣故，是因為傷了鄭的感情？或是恐怕因為在大眾面前作了一件失德的事，以後人要對我輕看，然後有患失將來教育界上地位之虞？

自省起來，恐怕第二觀念深一些；那就是存心自私的鐵證！講道德，是為漁眾望，或是為誠意愛人？

如果有誠意愛人的存心，不是徒貪高位那才是真人格。

「鄉愿」就是因為要漁眾望而後外表注意道德的人。所謂「利而行之」的，也不作因貪位而行仁解，不過是說，有的人天生本性淺薄，不得已自覺自己的短處，所以轉過頭來以仁為利。這是用理性輔助為仁的意思。至於「安而行之」的人，那是天生性情敦厚的了。

誠意愛人就是忠恕的道理。

「士不可不弘毅，任重而道遠，以仁為己任，不亦重乎？死而後已，不亦遠乎？」

愛人是愛個個人，「汎愛眾」，人有不足的地方，絕不怨尤，只是誠懇往幫助他們的一方面設想，以至於「知其不可」還要去「為」。

想造寬厚，要在這裡用力。

找到譚嗣同的仁學來研究。

「慎獨」，所最當慎的就是存心，「莫見乎隱莫顯乎微」，所謂隱微的也是存心。

下星期就要預備開學的手續了。

今天進城，星期二同 W 到醫院。

……

進城到帝王廟參觀職業教育成績展覽會。一時在中央公園午飯。飯後得機會同曉滄談，昨天在大會對他的提議有誤解處，恐有言過實的批評請他原諒；並且請他修正原案，舉例，送到知行處。他答應了，在三、五天送來。

在今天的年會日刊裡，我的兩篇講稿都登出，所以「自大」得一點滿足！這又是器小！見安在飯前說，直隸教育促進會要約我作會員，約有劉意如的中學約我今秋到保定正定的時候，先到他那裡停一停。我說，大概在十一月間可以到他們各處去一次。

又劉湛恩說，近來在上海報上有批評清華的言論。我說今年冬天又到上海去一次，同諸位批評的人領教；他許的可以給我介紹，並且預備會集在一起開一個談話

會。開學後再定半年的事程。

……

　　到府右街四存學會，買得以下書：

　　一、顏習齋先生，存學、存性、存治、存人（兩冊）。

　　一、顏習齋先生，四書正誤（一冊）。

　　一、李恕谷先生，論語、大學、中庸傳註（兩冊）。

　　並且又得著四存學會章則一本。

　　至聖：聰明睿知，足以有臨也；寬裕溫柔，足以有容也；發強剛毅，足以有執也；齊莊中正，足以有敬也；文理密察，足以有別也。

8 月 27 日

　　早六半至七半，默李恕谷，大學傳註（三頁半，共十一頁半，四天可默完）。

　　今天到辦公室理事，要按時到。注意認識先生與學生的個人。

……

　　中飯在麻倫家，請日本公使芳澤。為招待局面我的容儀太不自然，靜之外還有傲，不算知禮。

　　不管顧、曹的態度如何，我作我應作的事。在清華應作的是擬定新課程，並把大學辦成功，自己修學的工夫，作十年後的預備！

……

　　在此地住了將兩個月，非常舒服，有時像似怕舍開這個地方似的！有點「患失」的感想，這是很壞的現象！永遠預備不和則去。要自己的學問真有根柢，在教

育上有點長久的貢獻，然後無論什麼地方，只要有研究
學問的機會，就可安身。如果貪享福的地方，那就要兩
失了！

……

今天早晨在迎春園發明「習默島」。此地的景緻太
好了！一定引人來爭這樣的肥而且安逸的差使！

8月28日

讀大學傳註，解釋比朱正確，移易的病到顏、李才
看出。至於李的解釋是歷史的真象不是，還不知道。必
須作一度古代教育實況的研究後才能定。

8月29日

今早默完李恕谷的大學傳註。只讀經文，不讀傳
註，是讀古書莫好的方法。大學本來不是什麼很特別的
書，因為程朱把他同中庸從禮記裡拿出來，以後千餘年
都以他為入學的惟一法門。孔門的學說到大學著者的時
代，已經過了極盛創造時期，已偏重著述引證，而不以
實體觀察為可望及。（引詩、書處，佔全篇之半。）

「好而知其惡，惡而知其美者，天下鮮矣！」

「君子有諸己而後求諸人，無諸己而後非諸人，所
藏乎身不恕，而能喻諸人者，未之有也。」「君子先
慎乎德，有德此有人，有人此有土，有土此有財，有財
此有用，德者本也，財者末也。」

孔門時教育實在情形是什麼？很是可研究的題目。
（各時代所認為實在的不同！）

　　想要用科學眼光研究古書，絕不是一兩年的工夫可見什麼成效的，並且自知對於古書，預備上太不充足，想產出一篇中國歷來學的意義的文章，恐怕不是我所能的。在年會報告時已說下大話，必須設法研究才是。

8 月 30 日

　　讀大學、中庸本文，覺得文氣很暢。又看適之哲學史論到這兩部書的評語，然後自己知道，想解釋古書並非易事！「斷章取義」是最易犯的病。

　　為研究古代教育制度計，必須在書本外能得著證據才好。

　　研究古書，最要的是時代變遷的觀念。這樣就可以不混在一起，不分前後的，胡亂下解釋。

　　我所以要研究古代教育制度的，是要找出我們歷來所謂學的是什麼，然後可以擬定現在學字應當作如何解。

　　讀的古書太少，以一兩月的工夫就膽大評古書，引來作為證據，恐怕一定免不了弄出笑話來！

　　眼前的問題是擬出清華的新課程，高中的，和大學的。這是實用的問題，急於應用的。研究中學課程的原理已經有三年多了，現在要往實施上著想，看這三年的工夫是否空空的費去。

　　只說空高的話，不能擬出具體的辦法來，那就是研究失敗的鐵證。

　　空慚愧，無用處！

　　……

9月1日

今天進城。

孟子：「吾知言，吾善養吾浩然之氣。」知言、知人、知天——「可與之言而不與言，失人。不可與言而與之言，失言，知者不失人亦不失言。」

「仁能守之」，「能行五者於天下可謂仁矣。……恭、寬、信、敏、惠。」

如何可以影響一時代？知、仁、勇。「先之勞之」。

9月2日

昨天午飯在中央公園巧遇陳通伯、張鑫海、林玉堂三先生。飯後同張談一小時。恐怕通伯因為爭教員事生誤解。以後有機會再同志摩談。

今天曹叫我去，張已經來看他。又談約一小時，擬定辦法如下：張在清華任全教員職，然因為研究起見學校只給他教八小時；在北大任四小時，為講師，他們供給汽車來往或車馬費，每星期進城一次。

他回北京同蔣商議去。他像似被我建議說動了，然而北大必不甘心，他們一定要他教八小時。如果那樣，我們絕不能認他為專任教員。

今天講話的時候，不免露出自高氣！每逢有得意事時，要特別小心。曹對於我已有忌疑的地方，自己別以為有什麼特別本領，所有一點學問都甚膚淺的！大器必須能容眾。

恭、寬、信、敏、惠。

……

還有一個星期，就要上課了！

開學式的講演還沒預備好。少講話，預備二十分鐘真是要說的話，至誠的話，無我的話，非說不可的話！如果沒有可說的話，惟有不說。

少講話，多作事，找難事作！

今天得到北京師大的聘書，約我教兩小時，明天給查去電話，問他近來情形。我很願意有教書的機會，不知社裡贊成聯合幾校或分校去教。要同知行、主素計畫下年事。

……

今天讀了一天小說：F. Ossendowski, *Beasts, Men and Gods*，述說著者在中亞的經驗，寫蒙古情形很詳，雖是遊記體，然而有許多采色必是用小說的眼光加進去的。一天讀完。

9 月 3 日

能作到永遠不自大，然後可以內省不疚，那就可以無憂無懼。恭寬信敏惠，是為仁的工夫，溫良恭儉讓，是已露於外的成績。

先之，勞之。不厭，不倦。

君子之道，闇然而日章，小人之道，的然而日亡。君子之道，淡而不厭，簡而文，溫而理；知遠之近，知風之自，知微之顯，可與入德矣。

……

晚。一天事很忙。

明天下午有職員會，星四上午有國文教員會，下星一開學講演，並教員會要繼續來了。

北師大的信還沒答覆。改進社也應起首進行下年計畫。

在眾忙之內，能得安逸，那是一個人能力大小的準繩。

9月4日

在中國師生間情誼很厚，作事最可靠的人，拿以往的經驗來看，都是自家的學生。古代的孔、墨，近世的曾文正都是如此。無論作學問，或是作事，能讓人「中心悅而誠服」的都是好先生。先生一定是以德授受——無我的，絕對不自高的，敏於事而慎於言的，不被速效或小利所引誘的。至誠然後才可以感化人。

自己材力有限，那是沒有方法救濟的，只可知命。然而大多數的人不能用盡他們所有的天材。惟一的態度是：「人一能之己百之，人十能之，己千之。」

果然誠心佩服古聖昔賢的道理，很可以認他們為人上人，不過絕對不能全信，必須從個人的經驗裡生活出來的，那才是真可信的。這是現代人的態度。

從昨天起讀學記。

9月5日

人要趕事，不要事趕人！辦公室的壞習慣是等事來找，不去找事。

每天到辦公室第一要務是：想定一天要辦的事，

自己可以作的，書記可以作的，然後再應敷當天發現
的事。

以上是敏的工夫。

對於外國教員一樣看待，這是恭寬的工夫。以大義
來感化他們，不以善服，要以善養。

昨晚讀張之洞的書目答問。幾千卷是應當讀的，下
一年能讀幾十卷就算有成就。

張在國朝著述諸家姓名略的前寫：「由小學入經
學者，其經學可信；由經學入史學者，其史學可信；
由經學史學入理學者，其理學可信；以經學史學兼詞
章者，其詞章有用；以經學史學兼經濟者，其經濟成
就遠大。」

這是為學的正業，雖然沒離開誦讀，已經識見比平
常高明的多了。然而工夫是用時間才可作的，預備十
年，將來以經學史學兼詞章經濟，成就如何，為學時不
能顧及。

……

張之洞，四川省城尊經書院記，其十八章如左：
本義第一　　定志第二　　擇術第三　　務本第四
知要第五　　定課第六　　用心第七　　篤信第八
息爭第九　　尊師第十　　慎習第十一　善誘第十二
程功第十三　惜力第十四　恤私第十五　約束第十六
書籍第十七　釋疑第十八

9 月 7 日

昨早同國文教員談話，說了有一小時。有的地方不
清楚，還有的地方，過火熱。下次始業會的演說只十五

分鐘，預備要特別精審。

無論現時成功與失敗，滿意與不滿意，永遠不忘十年的預備！

……

要認字必須研究小學，要明理，必須研究經史；這是詞章的根柢工夫，也是經濟的莫好資料。

不識中國字，不通中國經史，談不到研究中國的社會科學。更談不到中國的教育。

研究小學、經史的門徑，今年要尋出，漸漸進行，為十年後的大計畫預備。

……

昨天在國文教員面前，口吻是要現在有為的，想要現在有為，就必須把全分力量放在現在的功作上，然後人亦要按著現在的成績定評判。固然每作一事，就應該用全身的力量，然而也有眼光遠近的分別，待人態度緩急的分別。

如果眼光在十年後，那末待人能容厚些，對各方面都沒有挑戰的必需。

靜遠！現在往十年後看，到了十年後，就可以作往百年後看的事業了！

「人無遠慮，必有近憂。」

……

如果詞夠達意用的，現在把開學的講演寫好，可以送出登在某雜誌裡；然而文筆不應用，未必完全不好，因為寫的不順適，就可以多往深遠處作一點工夫。

今天要讀教員以往的報告和意見，為是預備擬出新

課程的手續。半年之內要有新課程出現不是可能事，現在只可把手續弄清楚，作一點暫時應用的改革。

下午能進城最好。不然可以下星期三去。今天給查、陶電話。

……

今早麻倫、譚唐來約我在「北京歷史研究會」演講。下午擬題為「中國古代教育的目的和方法舉例」，日期：九月廿二，星期六。

自問知道的不確實，恐怕在大雅前現醜！不過藉著這個機會，多讀一些書。

我所研究過的有：

論語

大學

中庸

孟子

學記

解釋的書有：

顏習齋，存學

李恕古，大學傳註

章實齋，博約、原學

朱晦庵，白鹿洞教條

張之洞，輶軒語、四川尊經書院記。

可參考的有：

胡適之，哲學史大綱

梁任公，先秦政治哲學史

胡適之，先秦名學（英文）

郭秉文，教育行政（英文）

要用的有：

馬端臨，通考

史記

漢書

毛詩

禮記

荀子

　　在下兩個星期內，除應作事外，就研究這個問題。這是這次回國後第一次在北京用英文在外國人會裡講演。

　　上次回國後在美公使館裡講「中國的戲劇」，那是在一九一八年二月，前五年半的時候。那時候還想在藝術上作工夫；現在過了這幾年，興趣見「老」了！現在喜歡讀古書，注意歷史的經驗。

　　離著真成績還有十年！不知道在這十年之內興趣又要有什麼變更。現在總期望可以作一點能久的事——經濟或是著述。

　　答應時候，自知別的事已經很忙，又知道自己沒有真根柢，所以答應的緣故，還是捨不了好名的心！想要外國人知道我的學問——這是媚外的態度！

　　然而不用這樣看，外國人知道中國事很少，如果我們真有好東西，我們應當指給他們，然後他們對於中國人就可以有相當的態度。要發明中國已有的文化，宣傳、解釋給現代的世界。一則可以增加知識，一則可以

用中國已有的經驗，幫助解決現代的問題。

最好用希臘古代教育同中國古代教育作比較的研究。

人文的教育與機械的教育——這是中國古代教育可以給現代教育作參考的最要點。

9 月 9 日

早獨步行到圓明園。

下午晝寢，讀輶軒語（完）。

又看前一星期日記。

明天開學，各樣難題將要發現。按以往經驗，最當小心的是：

耐煩——勞而不怨，寬容。

謙虛——不自高，不以善服人。

真誠——至誠至公，不作鄉愿。

下星期在百忙中要作這三樣功夫。

「以善服人者，未有能服人者也；以善養人，然後能服天下。」

9 月 10 日

第一時在禮堂始業式，有校長報告；我講的題目是「廣義的留學預備的商榷」。

說的時候很火熱，很用力，聽的人像似能領會，然而實效如何，還在將來的作為。

有了小成功，更要特別的謙虛，因為一定有人忌你的成功。

今天有人沒到會，教員中如 W. Q. 一定要作鬼，要小心他的陰險。

好而知其惡，惡而知其美。

以真錯諸枉，能使枉者直。

現在是預備，現在的小成功，不算真成功——真成功在十年後！

在學校的工夫是：耐煩、謙虛、真誠。

自己的工夫是：讀古書、寫文章、養精神。

到圖書館找關於古代教育的書。

馬端臨，通考、史記。

預備二十二日的講演。

9月11日

最應當忘而最難忘的是小成功！

有不虞之譽，有求全之毀。

既是作誠心為青年的事，第一要務是認識學生。在課堂外，時間有限，能在上課時擇無課的學生約來談談，或可試行。這樣辦法，要考慮後再試行。無論如何要過了前兩星期作。

君子之所以教者五：有如時雨化之者，有成德者，有達財者，有答問者，有私淑艾者。

「為政以德，譬如北辰，居其所而眾星拱之。」

接洽還是機械，最要的是慎獨。「修己以安人，修己以安百姓。」

修己以德以學。

自己既說過重學問，自己就應當急於作學問。

　　下午三至四‧廿分，與各組主席會議，結果很滿意。分組辦法在星四前油印出，分發諸位教員。

　　會議後同余談約一小時。有人對於張鑫海的優待有怨言。我給他解釋經過情形。他所以教八小時因為：（一）沒有相當學程，（二）他人今年亦有教八小時的，（三）政策鼓勵個人研究。

　　他說人對張教的鐘點，還沒有人說話，大家批評因為住房事。可是現在已搬到美教員住處，原房可以給羅住。

　　余對於王倬漢有不滿意處，說他有點不精神、不熱心。

　　國文教員中有陳文坡、鄔，在工字廳用飯，這於他們的聯絡有關係。

　　我煩余注意大家在工字廳的細語怨言，所有行政能采納的輿論，必很歡迎。

　　工字廳有十四、五位一同吃飯，閒事最容易叢生，以後學校多建築住宅為家庭用，這個問題可以稍減輕。家在此地的，講閒話總少的多。

　　這十四、五位，半教員、半職員，沒有研究學問的興趣，一定作些無聊的過活。將來教職員分住；或者可以好一點。

　　住工字廳的：

　　謝求靈、梁傳鈴、江之泳、徐仲良、羅邦傑、凌達揚、陳雋人、余日宣、李寶鑾

……

　　晚到工字廳，余陪我到各房拜訪：

徐國祥 ○

羅邦傑 ○

梁傳鈴 ○

陳福田（片）

陳雋人（片）

凌達揚

謝求靈

江之泳 ○

崔思讓 ○

朱敏章

○ 有家而因清華無房，不能搬來。

余說，書記一般人，很覺無聊，學校對他們應當注意。

以後每星期或間星期，到工字廳、古月堂各一次。

9 月 12 日

昨天看出司密士像似要專權。下次要小心他。看出鬼道來，還可以不用氣——不容易作到！

不要猜疑。期望他人為君子，寧被愚，不冤好人。「不億詐，不逆不信，抑亦先覺者其賢乎？」

司密士較老，必須讓他知道他的正當地位。或者今天下午到他們聚會地點去旁聽。第一次各組聚會都去旁聽。

如果那樣辦，今天不能進城去。將開學，不進城好，過前兩星期再去。

早，讀中庸，哀公問政章五遍。

下午。

英文會議，我到會介紹主席——只為一年。

司覺出我的態度，後或為難。

夢松報告，圖書館只能給國文教員一間自習室。圖書館沒有報告給我。

耐煩！

我已經許國文教員兩間，現在辦不出，要另想別的方法。或在中等科找一間房？

不要太追究。小心自己力量有限，用力太過，為長久計不經濟。並且今年是試驗期，不能所要改的都能辦到。

「君子恥其言之過其行。」

「剛毅木訥近仁。」

最要問題是課程。省出力來放在新課程的編製上。

不去各班上參觀——前半年一定沒有時間。

9 月 13 日

讀中庸哀公問政章五遍。

「君子深造之以道，欲其自得之也。」

「欲速則不達。」

"Patience and Tact!"

「道之以政，齊之以刑，民免而無恥，道之以德，齊之以禮，有恥且格。」

小心待人不要過苛求。「兵操」與「兵學」本來差不多，我要求別人克己，不先求諸己。曹氣勝，將材。氣勝必好名，所以喜高其名稱。如果他願意用「兵學

科」，亦可。

今天下午全校教務會議，不要出頭，要居後。

9 月 14 日

廿二日的英文講演應當起首預備。

註冊更換太慢，今日注意這件事。

認識學生是要早作的。

昨天夜裡休息不足，今天恐有不慎，不忙，緩進。多讀書可以靜神。

「君子之道本諸身，徵諸庶民，考諸三王而不謬，建諸天地而不悖，質諸鬼神而無疑，百世以俟聖人而不惑。質諸鬼神而無疑，知天也，百世以俟聖人而不惑，知人也；是故君子動而世為天下道，行而世為天下法，言而世為天下則；遠之則有望，近之則不厭。」

9 月 15 日

周刊記的開學講稿，非常草率。絕不能登的。或是記的人沒預備紙筆，我在台上看不見什麼人記錄。

找一個能速記的書記，是一個辦法，然而這類人不易得。如有一像邰那樣能用白話記的也不壞。

說白話，用文言記，是最不可要的！

自己能文，在現在中國的速記程度時代，是最方便的。

能說就應當能寫。不過用時間。用這次作試驗，不知效果如何。寫完給梅看一看，預備改「白字」。

能有敏捷達意的工具，是教育事業必需的。國文不

夠應用，是最大痛苦，最大可恥！文字不通那能講什麼高深的學問？

能找到好書記，可以增作事效率百倍！

沒有好先生，自習國文，不是容易成功的。不過處現在的地位，不能就師，不得已惟有自己用功。

每天可以有一小時的國文自習，日久了成效自見。

看明儒學案。

9 月 16 日

下星期內的要事：

一、註冊更換。

二、開學講演（寫出）。

三、廿二日歷史研究會講演。

四、課程委員會第一次會的預備。

先作已定的事，凡有來找的請他們等到再下星期。

9 月 17 日

氣浮！接見時間過多，不能靜想。每天頭兩時應作為讀書預備的工夫，接見每天不過兩小時。

星一　十至十二　二至四

　　二　　　　　三至四

　　四　十至十二　二至三

　　五　　　　　二至四

　　六　十至十二

（委員室，一、三、四、六，為國文科用。）

時間可以無須宣布，當於自己預備的時間，用委員

室。來的人，請鍾先生接洽，定同我接見的時間。

星期二、五兩天完全為預備新課程用。

凡辦事時間來的人，都先請鍾先生見。

……

想作的過多，所以容易亂。

我惟一的責任是課程。——其餘的事，「不在其位，不謀其政。」將來我成功失敗，只看我所產出的新課程！

為學校——新課程。

為自修——達意工具。

前半年只於注意新課程，別的改革，以後再問。

志定後要堅持。成功失敗在毅力如何。

9 月 19 日

昨晚在楊家玩牌，說出很野的話！「收放心」，稍有自大自尊氣，立刻醜事就要發現。後悔也無用！

以後再不玩牌。

楊最喜批評，非常難處。恭而敬之或可少訾。

無論如何小心，總有人不滿意。只要內省不疚，就可以無憂無懼。

內省不疚，必須有致良知功夫。「默坐證心。」

9 月 20 日

昨晚任公第一次講演。

開學講稿還沒寫出。懶於下筆！也實在沒有一點文章的根柢。每寫一篇東西真是非常痛苦！這也看毅

力如何——苦是苦，然而還去作，那才是成功的惟一的途徑。

古代教育的精神和方法——我知道的太少，擔任講這個題真是自找現醜！這樣歷史的研究那是三兩天時間可以作得成的。

昨晚聽梁先生講，又同他談，稍微得著一點門徑，知道一點全局的大概。然而只還有不到三天的功夫，又加上開學講稿，恐怕不能有好的成效。

找難事作，現在難事來到門前，看你如何處置。

9 月 21 日

整理開學講稿，今早煩月涵作，明早可以作出。

臨時的辦法——求人不可常！快約國文書記。最好是自立。

明天的演講還沒有把握。

星期到天津去。同時任事太多了。以後小心。

9 月 23 日

昨天歷史研究會講演，到的清華教員居多數。共約二、三十人。

說了一點半鐘。言過實的很有。

開學講稿煩月涵理出。我修改了幾個字。晚間想起來，在改的裡面恐怕寫了一個白字。可恥！

因改法文班事，恐怕得罪了註冊部諸位。辦事不週處，要小心。

不忘十年預備！

……

下午趕火車，遲幾分鐘，不能到天津，誤水災紀念會。他們宣布我必到，使大家失望。

星二中秋早車去，星三晚回來。

為水災紀念去，不免有居功的感想，所以不去於自己修養上，無悔。

……

讀上星期日記。上星期太忙了。以後不再擔任能力忙不過來的事。

每星三，不作清華事。

下星期內要事：

一、中三、四，教員會；星四，工字廳，備茶點。

一、課程委員會第二次會，預備。

一、註冊改好，星一。

一、設法與學生接洽。

一、北京授課事，每星期至多二時。

一、清華年報稿。

……

因為預備上星六演講，忙忙的讀了一點書。然而所知的一點，真是皮毛！

自己要作什麼功夫？要有定程——定時、定業——來讀書。有什麼方法練寫文章？

9月27日

廿五中秋到天津，參觀八里台新校舍。訪凌、蔣、孫諸家。

廿六，在女子中學部講演。女中學生應注意的四點：

一、思考——習慣。

二、默獨——群居。

三、習行——誦讀。

四、壯美——悲觀。

由津回來車上遇著一個安南人（現為法國水兵）名段文郁。能讀漢文。讓我想中國文化的推廣，將來要好好收拾！

……

今早，起首讀孟子梁惠王上。

公事很多——敏而慎，耐煩，謙虛，真誠！

9 月 28 日

「君子易事而難說也，說之不以道不說也，及其使人也，器之；小人難事而易說也，說之雖不以道，說也，及其使人也，求備焉。」

昨天課程委員會，得到幾個公認的定義。將來的工作要擬出細目。用全心全身的力量產出中國的新高等教育來。大規模要在一星期內定稿。

下星四教務會議時徵求意見。預備問題。

……

得好助手——是理事能力第一要素。

使人能忠，能誠，是組織才必需的。如何使一團人高起興來，向一個一定方向上進行？這是想作君子應當研究的。

……

讀孟子梁惠王下。

9月29日

清華周刊（二八七期）對於我的開學演說，有幾句讚揚的話，又載與孟憲承談話記裡也有他很相信我的表示。這都容易助我的驕傲！

為政以德。先之，勞之。以善養人。

「左右皆曰賢，未可也；諸大夫皆曰賢，未可也；國人皆曰賢，然後察之，見賢焉，然後用之。左右皆曰不可，勿聽；諸大夫皆曰不可，勿聽；國人皆曰不可，然後察之；見不可焉，然後去之。左右皆曰可殺，勿聽；諸大夫皆曰可殺，勿聽；國人皆曰可殺，然後察之，見可殺焉，然後殺之，故曰，國人殺之也。如之，然後可以為民父母。」

「齊人有言曰，雖有智慧，不如乘勢，雖有鎡基，不如待時。」

「有不虞之譽」，將來必有「求全之毀！」一定的理，惟有小心，作「自依」、「遠慮」的工夫。

不要現在出風頭！作十年的預備！

現在研究清華大、中的課程，是迫我讀書，考慮的好機會。作十年後的計畫者！

讀孟子公孫丑上。

9月30日

果然在「不虞之譽」的後面緊跟著就是「求全之毀」！處前一個時有幾分的高興，處後一個時也一定有

幾分的傷心──兩方面是正比例！

飢者易為食，渴者易為飲。

前天看了周刊以後，自己過於得意，所以另外要了五份──驕氣已浮動起來。自己沒有切實的覺悟，周刊所載的「譽」全是不虞的，自己還迷以為真，所以到「毀」來的時候，也就以他為真了。

（其實演說詞還是月涵給寫的，可恥！）

所有的譽都是不虞的！大人生活絕不認有可虞的譽。所謂「不動心」的，第一層工夫是看破譽毀。孟子是不動心的人，所以能說出「有不虞之譽，有求全之毀」的話來。

曹所得批評的是辦公時間和辦公日記。這都在他範圍之內。或者批評的方法，不甚確當，然而不能算純是「求全之毀」。自己還要小心別自大，以為所有的毀都是求全的！自己的短處還多的很呢。

有過自任，不去粉飾。分清什麼是過，什麼是毀，在修養上是很重要的問題。

有人批評後，第一反動應當自省疚或不疚。如過，當即改，不再問批評的人有毀的意思沒有。真覺著於良心無愧，然後對於批評的人也要有十分的寬恕，不認他們是誠心毀我，恐怕必有誤解。如耶穌說的：「我父，原諒他們，因為他們不知道他們所作的什麼事。」

「仁者如射，射者正己而後射發，發而不中，不怨勝己者，反求諸己而已矣。」

「子路人告之以有過則喜。禹聞善言則拜。大舜有大焉，善與人同，舍己從人，樂取於人以為善。自耕稼

陶漁以至於帝，無非取於人者。取諸人以為善，是與人
為善者也。故君子莫大乎與人為善。」

……

昨天買了地毯，花了一百多塊錢！恐怕一點一點的
被物質捆綁起來了！危險！

應當常常存感激的心。現在所享的物質上的福，是
特別給我作事的機會，絕不認他為生命的必需。

不一定什麼時候，或因天災，或因人怨，一切的
物質供給都離開你，那時候要看你作人如何。應當早
有預備。

「戰戰兢兢」不是為「患得患失」！是怕自己不能
完全「自倚」、「自得」、「不動心」。

鈔孟子不動心章。

……

今國家閒暇，及是時，般樂怠敖，是自求禍也。

怠傲是相聯的病！傲的必怠！

四大病：

傲，不虞之譽來了，自以為得意。傲是各病的源，
然而所以傲，還是要譽於人，不能完全自得。

怠，稍一自滿，就不理公事。

偽，怠後有錯，作假粉飾。

貪，自信力減少，所以患得患失！

別夢想十年後，惟求現在可以「立」！無論此地此
時有什麼難處——或自己方面的，或事情方面的——都
不應想跑！在此地此時，就要作此地此時應作的事。當
於盡力任責的時候，自然學問、道德都需用力，用力也

同時就是長進，同時就是預備將來。

這是「習行」的求學法，不是預備觀念的求學法。

從九月卅日起，舍去十年預備的觀念。

兩大弊端：

一、使我自負過高。

二、使我忽略現在的職守。

……

每天沉下氣去辦瑣事，看下星期內浮氣有多少次。

辦公時間：

每天，九至十二，二至四。星期三、六兩天如離校可不通知校長，其餘幾天如有要事離校必預先通知校長。

辦公日記從明日起，按事填寫，不要懶！

在辦公時間內如到班上游行，或在校內別室辦事，必在書記處留話，有要事時，即刻可達。

10月1日

讀上月日記——一月內事很雜，覺著像過了不只一月。

在南開五年前因自以為成功，所以與 B 不能處。其實水災之功全在同仁。

現在在清華稍有成績，就有與曹不洽的預相。其實開學演說詞還是煩梅寫出的。

「素位而行」此地此時是功作最好機會！

不應有難處的人，不認有難辦的事。

一、謙虛——治傲。

二、耐煩——治怠。

三、真誠——治偽。

四、儉約——治貪。

恭、寬、信、敏、惠。

10月2日

昨天把辦公時間呈給校長看。他倒還客氣。由「修己」作起是惟一的法門。

每星三離校一次，覺著像加忙了，然而初試行一、二星期，將來習慣造好了，星二就直接預備星四的事。

曹昨天談到他有意出外旅行，參觀各大學，或與畢業生接洽，為校籌款。所慮的有：（一）辦公沒人負責（現在書記不能沉氣）。（二）計畫尚未完備。

曹的長久計畫是無疑的。他理財本領很可以幫助學校的發達。按事實上看來，如果無害於大義，最好是有分工合作的瞭解——一方面是財政，一方面是教務。

　　然而不要自以為能！先就著新課程上作，將來大計畫，隨後再定。

　　讀孟子公孫丑下。

　　天時不如地利，地利不如人和。……得道者多助，失道者寡助；寡助之至，親戚畔之，多助之至，天下順之。以天下之所順攻親戚之所畔，故君子有不戰，戰必勝矣。

　　王如用予，則豈徒齊民安，天下之民舉安，王庶幾改之，予日望之。予豈若是小丈夫然哉！諫於其君而不受則怒，悻悻然見於其面，去則窮日之力而後宿焉。……

　　到清華是為引青年入道來的——道是作人的道，作新中國領袖人才的道。

　　先從本身上時時刻刻實踐這個道，然後不言而自明。

　　自己「不厭不倦」。看清楚新中國應當如何造成，然後堅信自己造新中國的責任，自己守約的力量多一成，影響青年的力量亦多一成。

　　對於本國已有的思想，自己知道的太少，所以讀古書是造就自己必用的工夫。

　　現在起首讀論、孟，將來接續讀史記、綱覽等，為是研究民族已有的經驗和感想，不能知道以往的，絕不能談將來。

　　自己學問的淺薄，不待言的，然而現在已有專職，惟有盡心用已有的見解作去，隨時作，隨時再往深處造就。

10月3日

今天進城，到改進社談講演中學教育事。

每星期中間離開辦公室一次，初行覺氣脈不連貫。或於作事的深切上有礙。這一天的思想是要忘了辦公室的事？還是把辦公室的事，存在心裡，作一種的預備？這兩種態度，那樣的成效可以多一些？

較比起來，第二個比第一個衛生些。每逢星期三完全不想清華的事，完全用心在中學教育研究及改進社一方面的事。

既然仍作改進社一部分的事，就應當擬出研究中學課程的程續來，要一年後或幾年後有什麼成效。用師大的學生，實是請他們幫忙的性質。（這是從改進社方面看。）

中學如何可以改進？預備新人材是很要的一步。所以師大的機會很可用。並且亦跟我最起初的計畫相同。

外邊已任職的教職員最好再作一起，另外給他們開講演。這樣或者比兩類合在一同研究的效果可以多一些。今天到社裡同陳、查、張再商議，問他們的意見如何。

最要而特要的，還是我自己的主張。我有幾成把握，將來就有幾成成效。

使中國的中學裡產出新課程，為新中國造人材——這是最大的目標。

能達到這樣目標不能，全看你自己的人格感化力若何。人格感化力是道德、學問、材能，合起來的精神。

第一樣要務，還是回到自己的人格上來！

10 月 4 日

昨晚在城裡同五哥看戲，梅蘭芳、楊小樓的「霸王別姬」。皮黃的戲有這樣出產，亦很可觀。

到早三時餘才睡，六時起來，跑回清華。

明晚在孔教會的講演，還未曾預備。

⋯⋯

下星期放假的幾天用力在課程上——在此地的成功與失敗全在新課程如何！

十一月一日教職員會議前，課程的大綱要全擬定。

下三星期內，全份力量用在課程上，非成功不可！

⋯⋯

10 月 6 日

昨晚孔子聖誕會的演說大概如下：

「孔子是教育家——他與領袖教育的關係。

領袖的性質——為士，在現代不只政事、文學。

領袖的修養——最得力的是：（一）知人，（二）知天。」

⋯⋯

放假的幾天用在課程上。

昨天已經約定朱敏章在課程上幫忙。他的中文、英文都還夠用。

10 月 7 日

昨晚在煙火上浪費了許多錢，學生很高興。

梁先生的講演又說到清華學生在將來中國的地位。

然而要看到十年、廿年以後去，再定清華學生的成功與失敗。

清華教育方針要在新課程裡表現。如何可以給中國造就一般真領袖人才？

自從新教育到中國來，還沒有過一次用創造的精神運用他，現在是很好的機會，作一個真中國的新教育試驗。使他能合「新的所以新」與「舊的所謂舊」在一起，產出一種新教育制度來。

野心很大，機會也很好，現在就要看你有沒有真學問，還要看你能不能以人格感化。一生難遇的機會，不要讓他空空飛過！

主張和計畫有了以後，中文、英文說明寫好，就教於校外中外的學者。

放假的三天內要把大綱擬好。純是自己的工夫，作過了這一步才可以請人討論。

10月9日

昨天讀清朝全史，看別人的功績，自己亦有模仿的意想，然而自問自己真沒有學問！本國的文字、本國的歷史、本國現在社會的實況——在這幾方面，我的預備太不夠用了！

要用功夫在這幾方面，可是現在所任的職務絕不應當忽略。在假期前定的假期內要作新課程的事，現在又想讀起史來，這是與計畫不合，對於自己要失信用！

先讀孟子一篇。以後去擬新課程。

……

涉覽清朝全史（日本稻葉君山原著）。

清自入關至乾隆末一百五十年為盛期，最得力的是康、乾兩帝。

嘉、道、咸、同、光，百餘年已歸末葉。自太平天國以後滿人只佔虛式。

清後又十二年了，政治還沒有平靖的希望。

十九世紀之中國已變為漢人助滿政府對外的局勢。太平天國若沒有新信仰及新軍械，絕不能有那樣的成功。

歐人的勢力到中國來已有一百多年了。他在將來中國佔如何地位，是與中國政治有莫大關係的。

西洋文化，一般青年要急急努力的，然而想奏永久的成功，非同本國已有的文化混合一起不成。一方面要快快的造就真正根本現代化的人才，一方面要研究舊文化如何適用於現代。這是人才教育問題。

政治方面，必須分析清楚社會狀況，看那部分的勢力可以統一全國——新工商的制度和心理，還是舊農民的制度和心理？

怕的是舊村的制度和信仰特別經過近廿年的蹂躪，已到不可收拾的地步了。

如果新勢力戰勝，那末在近五十年內中國要在資本階級支配之下！

中國的資本界，能獨立否？能否與軍人合爭外國人在中國已佔的利權？

錢有他的用處，有他的力量，然而本著錢要作事，必不能有大組織的成功。一個大政府的組織——特別在

國家危險的時候——必須得有人格力。

所謂人格力，就是輕利重義的力量，亦是重「自古皆有死，民無信不立」的道理。

提倡這樣人格力，必須從新學風造起。想造新學風必須有個人的榜樣。個人的榜樣惟有從自己始。然則責任亦大矣！

10月11日

昨天進城到嚴季沖的喜事。

見著孫子文（津浦局長），他的少君在美國讀書，清華費，明夏已滿五年，想延長年限，特來問可否特許。可以給他問一問辦法及成績。孫臨走的時候，還說有什麼事他可以辦的，可以找他去——很有交換的意思！

將來在校一切利益都應當「機會平等」，事事公開，不然學生一定被壞習俗所染！

⋯⋯

明天下午課程委員會非常有關係，前兩次是討論莊的議稿，明天要有具體的建議出現。把大綱要預先分送給諸位會員。並且要擬出一份中文稿子為戴用，亦為將來發表。自己作英文的，請朱翻譯中文。

今天舍開一切雜事，專心用在課程上！將來成功皆看你能否作別人看不見的事，為事作事，不被一時沒有關係的事所引誘。

先讀孟子，後改課程。

孟子離婁章

徒善不足以為政，徒法不能以自行。

行有不得者，皆反求諸己，其身正而天下歸之。

天下有道，小德役大德，小賢役大賢；天下無道，小役大，弱役強；斯二者天也。順天者存，逆天者亡。

人必自侮，然後人侮之。

得天下有道，得其民斯得天下矣；得其民有道，得其心斯得民矣；得其心有道，所欲與之聚之，所惡勿施爾也。

至誠而不動者，未之有也，不誠未有能動者也。

有不虞之譽，有求全之毀。

人之患在好為人師。

10 月 12 日

因憲法頒布續假兩天。

今天課程委員會不會議，下星二開常會。在開會前擬好大綱草案。

昨天華午晴來，今天回北京。早晨陪他到各處參觀。

10 月 13 日

讀孟子，離婁下。

孟子對於「養」字解：

「中也養不中，才也養不才。」

（朱註）養，涵育熏陶，俟其自化也。

「君子深造之以道，欲其自得之也；自得之則居之

安，居之安則資之深，資之深則取之左右逢其原，故君子欲其自得之也。」

「以善服人者，未有能服人者也，以善養人，然後能服天下；天下不心服而王者未之有也。」

（朱註）服人者，欲以取勝於人；養人者，欲其同歸於善。

「君子有終身之憂，無一朝之患。」

「君子以仁存心，以禮存心，仁者愛人，有禮者敬人。」

……

如果昨天不放假，課程委員會的議事程沒擬好，開會時一定失信用。現在天假我以時，到下星期二如果不能擬好，那真不稱職了！

明早在改進社開會，中午要回來，下午或可作一點事。

今天午飯顧林來校，曹約我陪。

午飯前答信。午後擬課程。

……

晚六點鐘。

答邱鳳翽的信，用一小時起稿，作事太不敏捷了！亦是自己達意的工具不應用。

不敏必不能有功。沒有達意工具絕談不到學問，亦絕不能有什麼久遠的計畫！

想寫好文章，必須要用苦功夫！

10 月 14 日

作事手續上自然要謹慎，然而亦不要躊躇過度。我近來常犯第二類病。

10 月 15 日

放假後辦公室應理的事很多。

昨天同曹進城，談到身體的重要，他的意思，我們現在要操練，不是為現在，為的是將來，年歲長了，恐怕身體要不付用。可見他是有遠志的。我的身體近來雖然沒病，可是不能算辦事很有效率。一個人的決斷力的敏不敏很與身體的康健有關係。

每天或每星期定出一定的運動時間。

將來任起事來，體力較比思想還有要緊的，如果體力不能支持，思想亦絕不能敏捷，任責亦不能耐勞，有遠見。

讀三十分鐘孟子。

「使之主祭而百神享之，是天受之；使之主事，而事治，百姓安之，是民受之也。」

「天之生此民也，使先知覺後知，使先覺覺後覺也，予天民之先覺者也，予將以斯道覺斯民也，非予覺之而誰也。」

10 月 16 日

早擬出課程總綱，這亦是幾天「下識覺」的功作。細目還在以後。千萬不要有一點得意的自覺！

今天晚車到天津，十八日早回來。

10 月 19 日

昨天早車回校。

十七日在南開周年紀念日演說要點：

畢業生所感激於母校的有：

（一）基本教育的培養。

（二）繼續發展的榜樣。甲、遇事不怕難；乙、計畫有條理。

（三）共覺是非的鼓勵。

正確輿論：標準的，或了解的。標準的在現代不能有，了解的必須地方小或是交通好。這是中國現在所以沒有正確的輿論。學校團體可以有共覺的是非，使畢業生得相當的鼓勵。

……

課程進行稍有頭續，然而還要特別謹慎，小心不要引起別人的忌妒！

實在可靠的成功還在自己本身，不在所作的事。自己沒有實在的學問、品行，雖有一時的小成功，將來一定不能長久！

預備國文工具。

不厭，不倦。

以善養人。

10 月 20 日

下星期三師大講演初次。連說兩小時話，這是第一次試驗，不知道結果如何。今明兩天預備材料。

本校課程委員會事稍有頭續，要注意的：

　　一、要使教員及一部分的職員學生覺著新課程是他們自己的意思，絕不是我勉強加在他們身上的。鼓勵他們自得，除去以善服人的毛病。

　　二、別期望太快。「欲速則不達」，總而言之，課程還是機械方面的，「徒法不能以自行」。實施最要問題在得人。得人的妙訣在正己、舉直、尊賢、與人為善。自己的道德學問不足作一時代的領袖，不能期望得著代表時代的人物。想作自己勉進的工夫，又不能求速效的，大概至少亦要十年！

……

　　曹派徐志誠代理齋務主任，他或者想用全為秘書，不知道猜的對不對。

……

　　改進社報告，報名中學課程研究班的只有三人！可見大家對於本問題的興趣沒很多。（查報告，師大只有廿幾個！）

　　自己不要以為大家願意聽你講的很多！不要自大，自己學問太沒根柢！

10 月 21 日

　　昨天同大一學生梅汝璈談了許久關於董事會問題和清華教育方針。我表示意見，以為教育方針定後，再看所要的是什麼樣的董事會。

　　他聽了將來計畫，覺著實行上得人一定很難，夠大學教授資格的太少！他還說現在清華教員裡真有學問的沒有一兩個。

談到將來計畫，不免提起欲速的心。對於董事會亦想替他設法改造。野心亦因之而起。這不是正當的途徑！

在預備完全以前，不要大責任！

自問於自己將來長進最要的，是預備國文及國史。

現在急於實行的，是中學課程的試驗。三、四年後到歐美再考察一次，專注意大學，然後對於大學亦可以有一個根本改造的計畫。

當於執行的時候，要研究中國歷來教育的精神和方法。

曹既願負責；就給他執行的事作，自己小心只處研究的地位，謹防招忌！

……

廿三日在課程委員會討論如何提出教職員會。十一月會報告的是總則。讓大會表示意見否？

（將來教職會的組織亦得按著新計畫改。）

報告大綱要寫出，分給教職員。

有什麼最簡便方法通過大會？委員會可以通過，亦可得校長許可，如何通過大會是下一個問題。然後如何去實行？財政、人材？多少年限？

讀 Brent「領袖人格」。

10 月 22 日

還有兩個多星期新小孩要來了。早有預備，不至臨時生事。

昨天下午同曹霖生談，從他借來一本軍事書讀。引

起許多空想。然而回頭來自問，現在感最大痛苦的是本
國達意工具，和作事敏捷的訓練。

我不是寫文章的材，這是我自認的，然而應用的工
具是必須有的，有敘事、抒情的便利和準確。

多看中國書，自然辭可以增長富麗；多用中文達
意，自然語氣熟習，進退自若。

在作事敏捷上，不延遲，應作的事，不等到臨頭再
去用力！

下一個星期四要在教職員會提出新課程計畫的大
綱。今天早十一時討論中等課程。明天下午二時全體課
程委員會討論最好報告手續。在明天會前寫出報告曲折
才好討論。不要等，這是必須作的事！寫出國文、英文
的，在大會前頒發。

今早在會前把中學課程大綱擬出。固然思想是不能
強迫的，然而有時必須在壓力之下作緊急的工夫。

我的大病是在作應作事之前總要延遲到最後幾
分鐘。

這樣只可用一時的小聰明，絕不是能作大事業的
方法。

今早試驗新法：一概別事不作，先籌畫中學課程。

改習慣。

10 月 23 日

請客，在一星期內要兩次，包括全體未曾請過的職
員。不只注意將來，還要注意現在。

「一日暴之，十日寒之。」

「所欲有甚於生者，所惡有甚於死者。」

10 月 25 日

昨天在師大第一次講，說了許多過火熱的話，批評統計學。說後自悔已遲！下次小心。

自己國文太不應用！應當能寫講義。

下次要好好預備。

10 月 27 日

「訑訑之聲音顏色，距人於千里之外。」

訑訑（朱註）「自足其智！」

動人以仁以誠，絕不應自足其智。

……

有幾天早晨未曾讀書，至於有錯誤之言行形於外。每早自修是必須的！

厭倦，都是養法失當的結果。「苟得其養，無物不長，苟失其養，無物不消。」

故天將降大任於是人也，必先苦其心志，勞其筋骨，餓其體膚，空乏其身，行拂亂其所為，所以動心忍性，曾益其所不能。人恆過然後能改，困於心，衡於慮，而後作，徵於色，發於聲，而後喻。入則無法家拂士，出則無敵國外患者，國恆亡。然後知生於憂患，而死於安樂也。」

10 月 29 日

昨晚與教育學社社員談話：

「新學知識見效快的，莫如醫藥，見效最難的，莫如教育。理由舉三：

一、教育與社會目標有密切關係，在過渡時代，所以難。

二、教育不能準有把握，都有一種信心性質在內。

三、「徒善不足以為法，徒法不能以自行，教育必須注意三方面：『善』、『法』、『得人』，所以難。」

說到第二點的時候，我舉出教育家必須有一種「宗教」，可以堅固信心。為這樣工夫我覺得孔、孟的書很可鼓勵志氣。

既然說過這樣話，自己每天的自修應不離開孔、孟。無論如何忙，必須每早讀書！

讀孟子，盡心上。

「萬物皆備於我矣！反身而誠，樂莫大焉；強恕而行，求仁莫近焉。」

……

下午一時。

讀前兩星期多的日記（自本冊起首）。

好懶，好名，是我常犯的病。

內藏要多，外露要少！什麼時候外露過於內藏，那個時候必不能得快樂。

今天下午到圖書館讀書報。

10 月 30 日

早八點多才起，白費一小時的好光陰。

讀孟子盡心上。

「孟子謂宋句踐曰，子好遊乎？吾語子遊。人知之，亦囂囂，人不知，亦囂囂！

曰，何如斯可以囂囂矣？

曰，尊德樂義，則可以囂囂矣。故士窮不失義，達不離道。窮不失義，故士得己焉；達不離道，故民不失望焉。古之人得志，澤加於民，不得志，修身見於世；窮則獨善其身，達則兼善天下。」

……

「孟子曰，霸者之民，驩虞如也，王者之民，皞皞如也；殺之而不怨，利之而不庸，民日遷善而不知為之者。夫君子所過者化，所存者神，上下與天地同流，豈曰小補之哉！」

……

現在有很好試行作「君子」的機會，不要空放過。

注重在：「所過者化，所存者神」，不在區區小補的一時計畫。人是教育的惟一工具！

10月31日

「得天下英才而教育之，三樂也。」

（朱註）「盡得一世明睿之才，而以所樂乎己者，教而養之，則斯道之傳，得之者眾，而天下後世將無不被其澤矣。」

在施教育之前，要自問：「所樂乎己者」有沒有？有傳遠的價值嗎？是以自榮為樂，還是以新國的產出為樂？果然為造新國，自己的信心如何？能等一般學生任

職後才可以發生效力？

……

今天下午，第二次在師大講演，上次是失敗，因為沒有好好的預備。精神上沒有預備，材料上亦沒有預備。

從昨天下午作精神上的預備，現時要作材料的預備。

我自己不敢信，我所能傳授的，將來必有用於造新國上，然而所期望的，是與學生以中學人才的基本知識和指導。

信心是：如果中國的中學辦好了，中國的精神，和社會裡領袖人才，都可以有產出地。

這樣的信心必須傳染全班，然後大家就有共同的進行目標。

自己必須作一個中學教育者的榜樣。

想收實效不要在學理上用過多的工夫。

態度不要批評的，要能與人合作的。

學生所學別的功課是什麼，必須知道。還要與個人接洽，共謀根本改造中學。

他們將來作事的機會亦要替他們想一想。畢業後要在那一校作事？可以有長進的機會嗎？

必須指清楚他們可以前進的途徑，然後他們願意隨你的「道」走。你自己必須知道得清清楚楚自己前進的道路！然後才可以引導別人。青年不怕道路艱難，只要有領的，他們就願意隨著走。

有人以來，學生從先生的心理都是這樣。外國大教

授，如同 Thorndike、Dewey 等，人願意從他們，因為人信他們可以指出前進的途徑。

如果我所主張的，可以給在教育上作事的人，一條道路，願意從的亦一定是不少。

真能指出將來，在「先知」、「先覺」的本能。亦在工夫深淺。無論如何，自己必須有成績。空談是毫無效力的！

不用在學生面前露學問，以學服人，不能成大事，要以學養人！

博我以文，約我以禮。循循善誘！

11 月 1 日

昨天下午的講演，比前一次有次序，然而只能說，不能寫。有學生要我把講稿的大綱印出，我不敢答應，第一是國文不夠用，不敏捷，第二是用的時候要很多。

今天下午在本校教職員會第一次報告，在精神，材料上都應慎加斟酌。

精神上要注意的：

一、謹防「訑訑之聲音顏色！」「民日遷善而不知為之者。」「以善養人。」

二、鼓勵「自得」。使大家覺著有發表言論的自由，並且有發表的效果。所產出的課程是大家心裡所要的。凡事公開！

三、「欲速則不達」，「徒法不能以自行」，「正己而物正者也」。

四、專誠為新國之產出。「專心致志」，「持其志勿暴其氣」，「所過者化，所存者神」。

……

下午，一點四十。

讀梁任公講演：「文史學家的性格及其預備」。

反省，我終身可以貢獻給人類的是什麼？

如果在教育上，要問：

一、中國教育家的性格及其預備。

二、我所缺欠的是在性格上，還是在預備上？

三、如果性格相近，只欠預備，然後要問所急需預備的是那些方面？

……

不要野心太盛，自己的天資有限！

現在以我所有興趣的幾件上看來，教育像似較近。亦有機會在前，不得不作。然而自己的預備太不足了！

好好的用工夫，沒有別的生路！

……

晚六點。

在教職員會報告，說了一句錯話：

「清華錢多，並且有許多西教員，所以可作為試驗學校。」這是我一時想得外人的贊助，所以說出這樣話來。恐怕得罪了中國留學生！下次說話時不要想得一時的便利。

再者，就是氣還是太盛！現在說下大話，將來如何能作到？「訑訑之聲音顏色」還是不免！

The besetting sin of the orator is to be dominated by his audiences.

巧言令色鮮矣仁！

雖然有過，停在此地後悔，亦不是好法。惟有慎勉將來的言行，同時用力在課程的細目上。

態度絕不是看不起留學生，更不是要拉攏外國人！可恥可恥！

……

下午全校集會，Peck 講演。講之前，發表了三條對於學校政策的意見：

一、贊成儲積基金，使清華在賠款完後能永久存在。

二、對於董事會改組，在 official 董事外加請教育

專家。

三、贊成學生留美年歲加高。

雖然是隨意說出來的，很可以表現他的意見。

第一、將來清華有接繼存在的可能。

第二、董事會，外人仍要佔地位。

第三、清華程度可以加高。

第一、第三與大學的將來最有關係。第二是外交上清華一時去不了的干涉！如果只於是監督財政亦無妨，不過不可干涉教育政策及校內行政。

……

將來新課程擬出後，要頒布給美國有見識的人。

……

小事！大事是作工夫，預備在教育上的將來言論及事業！

11 月 2 日

「君子之所以教者五：有如時雨化之者，有成德者，有達財者，有答問者，有私淑艾者，此五者，君子之所以教也。」

我的大病是：不能專心學「為己」「不為人」。

「天下有道，以道殉身，天下無道，以身殉道，未聞以道殉乎人者也。」

我太怕輿論！太容易拿眾人的是非為我的是非。只好一時小名，不能堅持大計！有出風頭的機會時，我用力爭勝；然而不能為自己所擬定的目標，暗地作自己的工作，作別人不能瞭解的工作。

「君子之道，闇然而日章，小人之道，的然而
日亡！」

11月3日

孟子盡心下：「好名之人，能讓千乘之國，苟非其
人，簞食豆羹見於色。」

（朱註）「好名之人，矯情干譽，是以能讓千乘之
國。然若本非能輕富貴之人，則於得失之小者反不覺其
真情之發見矣。蓋觀人不於其所勉，而於其所忽，然後
可以見其所安之實也。」

……

「浩生不害問曰，樂正子何人也？孟子曰，善人
也，信人也。何謂善？何謂信？曰，可欲之謂善，有諸
己之謂信，充實之謂美，充實而有光輝之謂大，大而化
之之謂聖，聖而不可知之之謂神。樂正子二之中，四之
下也。」

「程子曰，士之所難者在有諸己而已，能有諸己則
居之安，資之深，而美且大可以馴致矣。徒知可欲之
善，而若存若亡而已，則不受變於俗者鮮矣。」

……

「梓匠輪輿，能與人規矩，不能使人巧。」

教育事業能希望的不過與人規矩而已！

「賢者以其昭昭，使人昭昭；今以其昏昏，使人
昭昭。」

……

望遠不攀高。

自箴：望遠不攀高！

為人能如此，才可有為。

不求高位，不求多錢，惟求所行之道，能達遠能載物。

不談校董校長事，專心為新國新民造人才。

必須作的是常與學生接洽。

於我所勉的時候，我是為新民，為青年；然而於我所忽的時候，是不是還被私心，名利心，所支配？勉的時候可輕富貴，忽的時候，對於富貴如何？

惟有大膽按著自己主張作，不管「慍於群小！」

11 月 4 日

「言近而指遠者，善言也；守約而施博者，善道也。君子之言也，不下帶而道存焉；君子之守，修其身而天下平。人病舍己之田而芸人之田，所求於人者重，而所以自任者輕。」

「萬章曰，一鄉皆稱原人焉，無所往而不為原人，孔子以為德之賊何哉？

曰，非之無舉也，刺之無刺也。同乎流俗，合乎汙世；居之似忠信，行之似廉潔，眾皆悅之；自以為是；而不可與入堯舜之道，故曰，德之賊也。」

消極道德，無膽量，只求大眾的歡心，不能固守自己的主張；別人稍有不悅色，就怕得神精錯亂；衣食住的小安，惟恐不能保，「見義勇為」是提不到了！

膽量小，求安逸，不夠丈夫！

"There is a coward & a hero in the breast of every

man. Each of the pair has a "logic" of his own adapted to his particular purpose & aim - which is safety for the coward & victory for the hero."

— L. P. Jacks, *Religious Perplexities* —

求安逸，想偷懶，不能作不要人看見的苦工夫，這都是 Coward 的舉動！

……

讀上一週日記。

下星期事程：

家事——新小孩來，預備一切。

校事——高中課程細目，與學生茶話。

……

下午韓誦裳喜事，不進城去。

11 月 5 日

默李恕谷，論語傳註。每早兩頁，試一星期。

近幾天，到辦公室早十點。稍晚。

在辦公時間應先理校務，有餘暇再讀書。

11 月 6 日

默完學而篇，以後短的，一天默一篇。

「溫和厚，良易直，恭莊敬，儉節制，讓謙遜。」

「人不知而不慍」，「不患人之不己知」，都是為學求深固的大道。

「不求飽安」，勉勵不被小安逸所束縛。

「敏於事而慎於言」，好實敏以求之！不外露！

平庸為人之道，得之，則窮達可不失離，貧富均能樂禮。

11 月 7 日

默為政上一半。

今早送 W 到醫院。

下午師大講演，又沒有預備，上次預備的沒有講完。

讀上星期三的精神預備。

指給青年一條前進的路！以學養人！認識他們個人。這是教育的事業，不是在他們面前露淵博的學問。

國文還是我的大缺點！

11 月 8 日

昨天師大聽的人加多，足見乾燥的知識界，稍有一點青草，群羊都雲集而來！

這樣饑喝的景況，很可以鼓勵稍有一知半解的人，加力作工夫，給一般青年開出一條活路。

我自己知道，學問非常淺薄，不能為人榜樣。所研究的幾種學科，如同教育、戲劇，都是初入門，表面上或可以說幾句內行話，然而都沒有進到根深的地方，絕沒有死後可留的成績，亦沒有一時公認為天才的出品。望前一看，真覺危險！

如何工夫可以深到根上了？

在那一方面用全分的力量？

給一般青年作嚮導是應作的！「見義不為無勇

也。」"For their sakes I sanctify myself."

作苦工夫！機會是應有為的！

學問道德上的缺欠，安靜一點一點的修補。

任重而道遠！

……

默為政下半。

昨天 W 仍回來。

岳父及兩小弟自南來。

……

又讀前星期三日記，解「得天下英才而教育之」。

清華是造就英才的地方，要處以相當精神的態度！

11 月 11 日

前兩天沒寫日記。星五，與丁在君談。星六，進城。

昨天早九點五十分，二女生。

將來女子在中國的地位，變為於我親切的問題。他們應當受那種的教育？將來在社會處什麼地位，作些什麼事業？

母女都很好，現住在，孝順胡同，婦嬰醫院。

昨天讀新教育上有一篇「清華教育的背景」。批評董事部的組織。

周刊裡有一段論領袖人才與清華教育。

預備下星四給學生解釋新課程的計畫。

下星期是我很忙的時期，一面要常進城，一面要擬定課程細目。盡力作去！

……

　　一時中文出版界，不能看到，要自備幾種。洋車上想事去罷！

11 月 12 日

　　今天補假。

　　昨天在城裡訪志摩。同午飯，還有陳、黃（晨報）。逛城南園，看菊花展覽。

　　他和通伯想集合一些對於文藝有興趣的人在本星六？聚食。與會的大概有：

　　周作人、魯迅（作人兄）、張鳳舉、徐祖正、陳通伯、丁燮林（西林「一隻馬蜂」）、張欣海、胡適之、楊袁昌英、郁達夫（「沉淪」）、陳博生（晨報）、蔣百里、陶孟和、沈性仁、徐志摩

　　想每兩星期聚會一次，互相鼓勵。

　　他還想組織一個戲劇社和讀書團。

……

　　這多人都在出版界有過成績的，我在裡邊，很不夠資格。

　　昨天從志摩借來四本新文藝的書讀。

　　我對於文藝，預備上太膚淺，一曝十寒。最缺欠的是簡單文字的工具。

　　我要知道現代一般青年所想的，所讀的。藉著這幾個新文人很可以曉得許多一時的思波。

　　教育是我的本職，課程組織是我專門要作的工夫，清華大學一定要作成功的！

教育是我的本職！

作教育必須「得人」，想得人先自修己起；作修己的工夫，必須要同現代思想界有相當的聯絡。

作教育是作青年的嚮導。

教育亦是思想的一種，是很要的一部分。不應輕輕舍開我自己的專門。研究教育而同時兼治文哲的人還不多，自己抱定自己的職務去作。

……

為清華大學計，應分析國內現有大學的特別性質，然後才可以定清華應作的是那樣的工作。

參觀全國各要大學，是在開辦清華大學前必須作的事。

清華近北京，所以北京各大學的細情應特別注意。（燕京要特別研究他！）

有了根本的觀念，然後清華教育自然有他特別的哲學和特別的設施。

作了清華教育的專門研究，然後一切小動搖可以不去管他了。

作研究的時候，同時要照顧到：（一）校內得人，（二）辦事手續，和（三）自己的真誠。

……

對於高中，我於內國情形稍熟習些。目標可以擬定，惟有教材細目，和師資得人應特別注意。

……

文藝偏個人的生活，教育是團體生活。教育離不開人群的組織。不同是在手續上，而所要求於作者的「自

信」、「堅勤」和「天才」是沒有分別的！
⋯⋯

默八佾下半。
⋯⋯

現在大家都寫對於太戈爾的文章。志摩亦要我寫，然而沒有到過印度，沒有看見過他的學校和戲劇，我不願意寫無根基的空話！

我只能了解的是：

（一）太戈爾與教育。

（二）太戈爾與戲劇。

不能讀本加利文，惟有信英文本，一譯再譯，失真可知！
⋯⋯

今天放假，一早在家裡寫日記，作思想。

又大風，進城一路難走。午飯後或可去。
⋯⋯

星二：課程委員會（二至三）。

自然科學會議（四至五）。

星三：進城。

星四：與學生討論新課程計畫（三至四）。

中三、四教員會議（四至五）

星五：進城或在校，或有課程委員會。

星六：進城——志摩請客？

本星期特別在高中上作細目工夫，然而我一面要常進城，一面又有對於文藝的新興趣，課程工夫上，怕要失敗！小心小心！

今天下午進城，晚火車回來。九點。

文藝書延到下月再讀，或稍讀一兩種。

永不忘課程是我專門的工夫，教育是我的本職！

11 月 13 日

昨天在城裡又買了幾本「新文化」的書報。

讀了小說月報太戈爾號的兩三篇文章。他們的文詞很富麗，幻想很靈活；然而有幾處讓我覺著牠似乎不大切實，根基不甚牢靠。

新文藝只為幾個文人抒情，是沒有大將來的；必須跟全國人民的生活連上，然後才可以有結大菓的機會。

我的文詞枯乾不夠用，一來因為讀的書少，二來是天賦的缺欠，無法補救的。

細想起來，我已有的小成功，都靠著一時的小聰明、小努力，絕沒有過真偉大的表現！這是實情，不能不認為事實！

小聰明！

小努力！

一時同小，是我的天性嗎？

我有我大而久的工作，不要被隨波逐浪的惡根性給戰敗！

一時！小！

長久！大！

……

這個時代的病，亦是：一時，小！

人類通長的病，亦是：一時，小！

……

所有一時的，小的，我都不要！

一時的榮譽，一時的成功，一時的安逸，一時的快樂，都是罪惡！

小的得意，小的利己，小的用計，小的作品，都是惡敵！

我要長久！我要大！

11 月 15 日

如果私淑孔先生，於練習寫文章上，膽子又要小一些。無論如何，下筆萬言不是我天賦中所有的。

「君子欲訥於言而敏於行。」

在城裡見了幾個人，從他們稍微得到一點實在的情形。不免提起我「患得患失」的私心。

這半年算是很享安逸，自己——無論願意承認不願意——有圖保守地盤的觀念。說到明面上是很可恥的！然而自己必須認清自己裡面的敵人。

弱者！不能為久遠，只求一時安逸！

求安逸的必得不著安逸，求勞苦反得著安逸。

膽量太小！不能獨立！

「不患無位，患所以立。」

曹不免有地位觀念，在清華住常了——特別北京國立各校一個錢拿不到——自然有患得患失保護地位的感想。

自己本領同自信力越小的，怕的越厲害！

我絕不能依靠南開！在外邊比在裡邊似乎可以幫的

忙多一點。

惟有自己的道德與學問。

清華，因為環境好，容易膽量小！

有家，有小孩，都有辦法，不用過注意。全身全神作那大的，長久的事業。

「以約失之者，鮮矣。」

誠意為青年，產出新國家、新文化。

因為要作這樣的事業，所以自己作工夫，為的是給他們尋出一條途徑。

自己的工夫，就是深究學問，克己忠恕。

別人說我老腐也罷，說我淺陋也罷，說我迷信也罷，我自己的志向定了，別人的意見，請他們自己去管罷！

自己知道的清清楚，自己不過是中才，完全沒有看錯自己。比我聰明的，比我敏捷的，比我有把握的，周圍都是，多極了。然而我既是我，就必須作我一生的過活；所能作的是很有限，然而沒有別人可以替我作，我亦不要別人替我作；所以不得已，按著自己的一點小本領，小天賦，自己往前努力去罷。

我相信：我的事業是「誠意為青年，產出新國家，新文化」。這是我的宗教，所以每天讀論語，覺著很有幫助。

今早讀里仁下半。

下午同學生講「新課程計畫的討論」，要完全以誠，以訥，以不懼不私。

11 月 16 日

默公冶長上半。

李註:「能自知則難苟居,能自居則無驕念。」

昨天同學生講,過後覺著說的太多了!不能守訥。多講話一定有不情實的,一定有給人誤解的,一定多引起無謂的批評。

多講話還是我的病。

晚與余日宣談。他說我說過三次留學生的無用(開學時、教職員會、又昨天),有的教員覺著我是看不起他們。並且此地學生已經不尊敬教員,我又這樣批評,更要引起學生對於先生的輕視。這話很有道理,我以後要小心,不要因為小事(措詞而已),徒傷感情。

雖然有的教員程度太低,可是現在讓他們曉得我的意見,於他們,於學生,都沒有什麼好處。

「有諸己而後求諸人,無諸己而後非諸人。」

不要以善服人,要以善養人。

並且如果我現在露出看他們不起的意思,於新課程進行上一定要生反動。

給教員亦要指出一條前進的途徑。

⋯⋯

昨晚又同余談將來計畫。我說高中改組,要教務管理聯在一起,並且想用余、梅、戴諸人作中心。我又想將來要多用朱敏章。

今早我想到,如果這樣作,別人要批評我專用南開、天津系!

「君子周而不比。」

　　學生的反動，不知如何？今天找幾個來談。

　　我說，明年三、四月間定去留。

　　如果清華、外部、董事或校長、辦事精神、手續，不像有教育的希望，我若只求保守地盤，自己要批評自己：

　　助紂為虐！

　　苟且偷安！

　　如果定去，然後可以作什麼事？

⋯⋯

　　晚九點。

　　高二學生徐敦璋同別的一個來問對於高二課程的計畫。他們所怕的是被留在校多兩年。–"Detain"–

　　我說，我們惟一的目標是為中國造人材。如果在國內大學比在國外大學所得的訓練合宜，自然在國內。

　　不要怕，你們可以相信我絕沒有成見，我拿他作為問題的研究。

　　明年二月前各班課程的草案可以擬出；大計畫（大學的籌備）在六月前可定局。那時我要看清華有作教育事業的機會沒有。

　　下半年還要到各處大學參觀。

　　我對於董事會作觀望，看將來計畫能否通過，有人負責否？

　　曹很聰明，他的計畫沒有更動一般舊生出洋的希望，他的大學計畫是從五年後起首。（如果學生把我的計畫看作不如敷衍為是，我的計畫一定很沒有價值了！亦不能定！）

要為學生想，什麼可以預備他們作中國有用的人，什麼就是好方法。

全校經濟，我亦不管的。作教育不能太被外難阻隔。

在十二月內為各班擬課程時，要徵集各班意見。（他們已受的課程一定要照顧到的。）

新課程進行在教員中亦要發生大困難了！他們有人以為我輕視他們，所以他們不必願意與我合作，並且他們如果看將來課程中他們自己的地位不牢靠，他們亦一定要生阻力。

這全要看我的誠意與手續如何。

真難漸漸地來了！

Meiklejohn 的經驗，那還是在美國！在中國的清華，不知如何？

不只學生、教員，將來我的言論計畫傳出去，在美和已回國的清華同學中亦一定有反對的，因為我批評留學生用的語詞有時過激烈了。

不要說過頭話！方才同徐他們談話，又有過頭的地方。

此地學生同教職員接洽都有猜疑的態度。總是因為辦事人在他們身上用手段的次數很多了。互相不能以誠，一定要猜疑了。

如果清華不能長，要怎樣進行？

若要研究學問，我有那樣的天賦嗎？中文、英文，我都沒有過根本文字的訓練。寫出的「別」字讓人可笑！而自己還以為是中國學者之一！該死！假冒！

辦小事還可以作，然而自以為不足！

將來惟有可以教書！教書絕不是教育！

如果抱定教育人才的方針，自己必須作苦工夫，然後可以給青年尋出途徑來。

B 意中亦是要我有地盤的念頭！所以回南開一定不能得 B 的敬重。

清華學生如果太自私，我惟有以去就爭。亦要看自己的私心如何！

想清華接續作下去，必須能與教職員和諧，以人格感化，少說話，多作事，不患得患失。在這一天就盡心作一天的事，不管去後，有什麼事可作。如果多慮去後安身地，患得患失的心，自然除不去了。

現在用力——全生的力——作學問，多讀書，多寫文章，深造思考，為大計的預備。不要怕離開清華沒有別的地方可住！

環境安逸害過於毒藥！！

……

明早進城，不能寫日記。當晚回來。

不知不覺的寫了四頁，用了一小時。心裡有意思，自然就筆下有字了。共寫了約九百字。

……

天天、時時要想離開清華安樂園，無論什麼地方都可以住，無論什麼事都可以作。那樣才可以解脫環境的綑挷！

11 月 17 日

默公冶長篇下半，未完。

「子曰甯武子邦有道則知，邦無道則愚，其知可及也，其愚不可及也。」

李註：「彼當艱險之秋，而矜才恃智者，安有濟哉？」（並且本來沒才沒智！假詐！）

「子曰，晏平仲善與人交，久而敬之。」

小智自滿，不能交人，所以久而不敬了。交友上我太不注意了。三十多歲還沒有交到幾個很近的朋友。固然，君子之交淡如，然而一定不是因為自驕而不去交友。既交之後，可淡可濃。

必先有敬、愛的存心，然後去交人就不難了。

交友為增加勢力的念頭太卑了！不夠人！

⋯⋯

今早進城，晚回來。

車上讀六、七冊日記。

11 月 19 日

昨天在城裡。

這幾天因為常進城，不甚注意校裡事。

又發生了「新月社」，作下去一定要用許多時間。讀兩月前日記，有不應過忙的自戒。並且自從到清華第一大問題發現了，就是學生出洋的問題。

高二、高一，都已有反動的聲音，如果不動大一同高三的希望，他們可以觀望。

一般學生的心理是愈早出去愈妙，眼裡沒有什麼清

華教育的價值。而教職中意見不一致。董事會不能主事，校長惟有敷衍。

如果實情是這樣，清華可以產出那樣的人才？

如果在清華沒有作真教育的機會，只有混飯吃的教員願意在這住下去，稍有志氣的都要去了。

處這怒潮將起的時候，我的態度應當如何？

一、早早宣布留學方針現在還沒有通過教職員會議，現正討論中所有意見都很歡迎。

二、我自己的主張是找最好方法為中國造人才，絕沒有成見。

三、與學生常有談說，得著他們的感想。

四、觀察同人的態度，看有多少能持久的人。（輕視人一定得不著同人的幫助！）

……

一年是研究試辦期，各大計畫一年調查後再定確稿。

……

「吾黨之小子狂簡。」

李註：「狂簡，志大言大而略於事！」

只能說大話，不能作實事的大失敗，就在眼前！

自己沒有真把握，沒有真學問，要在這時露出來！

手段嚴厲，機會一生，所有反動都要聯合一起。

改革一定要遇著反動的，然而要看你進行的手續如何，個人的品格，影響如何。

當於亂的時候，倒要想現在不過是為十年後的預備。是長進經驗和知識的時候，大事在十年後。現

在失敗，也絕不喪志，成功，也絕不得意，那樣態
度就對了。

今天風大，W 不能回來。

11 月 20 日

上星期四當學生報告，怕不免有「釣譽」的念頭。

反動來後，不能寧靖，昨天同曹談新感觸時，說的
很火熱。

高二學生找他去，他答至多留校一年。

一年一年的敷衍，於學生精神上大有妨害。他們不
認在清華是為教育，在此實在是待候出洋。

「無伐善，無施勞。」

「彼當艱險之秋，而矜才恃智者，安有濟哉！」

昨天我說的很用力，三條辦法回到夏天到校前所
擬定的。

在教員學生間絕不應露出一時的變計。

曹說，「你遇第一難關，不要急於變計」。我說的
是過急了。

自己有主張，緩緩行出來。我的天性是快快拿出
來給人看，教人說好！人家不說好，自己就覺著不痛
快了。

總想別人說好，一定辦不成大事的！

「已矣乎，吾未見能見其過而內自訟者也。」

沈下心去想細目。

想出峰頭是我的根病！

當此艱險之秋，矜才恃智絕不能成大功。

⋯⋯

先生、學生，不能懂我的，慢慢的他養。

始終如一，不被反潮移動！

默完公冶長。

11 月 21 日

默雍也。

「子謂子夏曰，女為君子儒，無為小人儒。」

李註：「成己成物，以天地萬物為一體者，君子儒也。言必信，行必果，硜硜然而無遠大之猷者，小人儒也。勉子夏以遠大也。」（猷，謀也。）

⋯⋯

遠大，不計一時小成功。

成己成物，修德好學，以善養人，這是造遠大的途徑。

注意小榮辱，不能成大業。

⋯⋯

一九一九因小不痛快，與 B 不能合作。有遠大之猷者不至這樣小氣。

現在清華又要發生小暗潮，我又同曹有熱烈的宣言，未免不能忍，不能沉氣。

遠大之猷。

往十年後的成功上著想。（到十年後再想百年後！）

增長自持的力量。

使思想切實，久遠。

能運用文字。

……

今天中學課程研究班改在附中，師大已停課。

仍舊按前兩次的精神作，不被一時的變更所動搖。

仍舊想得著幾個對於青年教育有興趣的人。絕不是妄自尊大，以為自己所有的一點從外國書抄來的學問，就可以解決中國現時的問題。

……

昨天 W 同新月回家來。

因為外面的事，我不能幫助照料，如同明明小時的樣子。

將來家庭漸漸長大了，小孩的教養變為親切的問題。

……

11 月 22 日

昨天遇著很難處的事。

師大學生杜把我評廖的話，寫給上海時報，廖的答覆，很有謾罵的話。

這是出我意料的。

早晨有三個中四學生來找我，談了一點多鐘。他們說同學中有因為這件事，不能沉氣讀書的。

我對廖的批評，實在有一點「矜才恃智」的意思。他答的很有過頭的話，然而無聊的筆墨官司，最好不打。並且現在我還沒有具體的建議，空評別人有什麼用處。

寫文章亦不是我的特長，這是實話！

惹小禍最不經濟。聚精會神的作十年後的預備。

……

因為前兩件事，今早從四點多醒後，不能再睡，心神不安。亦有怕，亦有煩。這是弱者的心理！大丈夫敢說就敢當，不是關上門說大話，一有人答應，立刻生起怕來了！

……

前天在京與洋車夫，因為小不平，被他罵，打過後，還是照著他要的那樣作。

我以後想這是惹小禍很好的譬喻！

如果真想改革，就要堅持到底！所以在攻惡以前，必須有責任心的自決。將來打起來，自己必須獨當，所以不要容易受別人的運用，聽從別人的意見。自己須有決斷，擇要緊的問題去攻擊，小問題不必管他。

尋常能不以批評取巧，來矜才，最好不用！

我現在很對學校以往政策有批評，對於同人有輕視的表現。這樣一定不能得眾。

……

清華同中學課程兩方面，都有要失敗的預照。總因是在我學問道德，經驗的不足！

然而雖是失敗，也不喪志。

「苦其心志，勞其肋骨，餓其體膚，空乏其身，行拂亂其所為，所以動心忍性，增益其所不能。……困於心，衡於慮，而後作，……生於憂患死於安樂也。」

……

多年的傲、怠、偽、貪，一時不能去淨！

偽——假外面！

貪——求安逸，居高位。

傲——以批評，輕視人取勝！

怠——不能自己用苦工夫，求得自己主張的理由。

「先難而後獲，可謂仁矣。」

「言必信，行必果，硜硜然而無遠大之猷者，小人儒也。」

「彼當艱險之秋，而矜才恃智者，安有濟哉？」

……

看得遠，專心大——「人十能之，己千之！」——不怕失敗，只怕自己不真誠！

11 月 23 日

默完雍也。

這兩天因為清華新課程同評廖的事，很不得安神沉氣。

器小！不能容事的病！

想有作為，一定免不了風波的。如果懾小怕風波，最好不要期望有為。

因為我現在作的事，有許多人的監視，所以我更要勉強往好處作。

所謂好的，是用自己認為最高的標準，不用一時人的評論，來定的。

廖是安分作實事的，如果我處他的地位，有人批評我的主張，我也想答覆的。

我自己要作實事，不只想批評別人。從上海時報兩

篇文章看，容易給讀者一種印像，想我是好評人的，並
且評的很淺陋不徹底。

廖的答覆是保獲他自己的主張，和在研究中學課程
裡的地位。這是容易懂的。

如果我作一封聲明的信，我亦是保獲我在研究中學
課程裡的地位，並且可以免去別人對於我的誤解。

然而我很懶於下筆的！惟恐自己的國文不通，材料
不富足。這兩層也實在是我的短處！到不得已的時候，
是必要發表的，不然大家要誤解我，看輕我；我作事的
機會也要因此減少，於是於我十年後的計畫大有妨礙。
到這樣的景況，是非發表不可了！

今天找出上海時報，再重讀一遍，看讀者大概已經
得著那樣的印像。

「困於心，衡於慮，而後作！」

……

到必須爭論的時候，自己的材料必須要特別的注
意。不負責的，沒有根據的，一時得意的話，不得隨
便說了。

最要的還是實在的工夫。如果別人比我看的書多，
研究的工夫深，我空有敏銳的疑問也是毫無用處，爭論
後的失敗，亦可預定的。

廖真用工夫！我看他作事精神很可佩服，有因急於
應用，不能深疑的地方，然而作這樣工夫的人，已經是
很少得了。所以我對於他作事的幫忙上，也必須有正重
的聲明。

如果聲明後，我班上如有看我為憸小的，那只可隨

他們自己的評判。真正我的價值還是在產出新中學課程來，為養成新中國青年用。這是真正惟一研究中學課程的動機。

……

在研究班上，講的東西很得用時間預備，而清華現時又非常的忙。這樣作下去，兩方都要失敗！

廖是專心用在中學上，我有許多別的事分神，效果一定不能同他比。

又加上新月社的發現，更要忙死了！

三方面能一同並進，而發生效果嗎？恐怕效果一定不能遠大，不能深刻！自己的精神和身體要不能支持。

我對於三方面，實在都有興趣，然而為遠大計，必須專心於一！什麼是一？

不能深刻，一定不能獨立，那樣，那一面有人來攻擊，一定要恐慌起來了。

這幾天兩面受敵，不小心將來要三面受敵！

11 月 24 日

默述而八章。

默而識之，學而不厭，誨人不倦。

志於道，據於德，依於仁，游於藝。

今天氣稍靜。

昨天招待大一級學生茶會，談調查旅行事。

說大話還是大病！

志自可高，危行而不危言。

不再用指名批評法！如對廖。

11月25日

怕！膽小！

怕惹起官庭的怒，當於南開在法政時，學生一同到省長署，我也哭了！

現在此地學生，因為我有意把高二以下幾班，延長年限，在國內大學畢業，有群起反對的暗潮發現，我又怕了！所以想法勸他們不要在週刊上發表意見。

昨天有梁朝威送來陳敦儒的一篇，很有些教訓我的話，如果心急，必要失敗一類的話。

我先想找陳來談，以後定議，還是讓他們自由發表去罷。

張銳說，學生中間有知道我在南開辦事方法的，恐怕如果現在不發表意見，將來定議以後就費事反抗了。

有過留他們在校延期的計畫——這是要大膽承認的。

現在看他們的理由，又從長計算，我已經想改變以先的意思，這也是事實。

有什麼，就認什麼，又何必用左藏右蓋的婦人女子的手段！

至於外面誤解一層，自然能減少最好。

……

幾天食寢不安，實在是自己沒有一定的把握。太多想得眾人的歌功頌德！

貪名，怕批評，怕反抗——那能成大業？

不說要名奪譽的話。

遠大之猷，一定有人批評，有人反抗！

先自己作最謹嚴的研究，然後再有意見的發表。發表後，如果有人批評，有人反抗，自己沒看到的，要大大方方的承認，他們有誤解的，要耐煩給他們解釋。

臨事而懼，好謀而成。

不傲，不粗心，不自信太過，不作指名的批評，不以輕視別人為自己得意的階梯，不以巧言令色博得一時的贊同，──這樣作去，將來有敵的時候，真是「予豈好辯哉，予不得已也！」

……

默述而九章。

飯疏食飲水，曲肱而枕之，樂亦在其中矣，不義而富且貴，於我如浮雲！

……

六大難關：

平心看來，陳的警告，許多都是真難題，如同：

一、董事部能持久，中途不變計嗎？

二、能得曹的始終同意嗎？（我不贊成他十八年大計畫，因為只顧財政，不顧教育性質。）

三、財政能有把握嗎？

四、能得著真可佩服的學者來作教授嗎？

五、在校的先生、學生，能全了解我的計畫嗎？

六、校外的畢業生，同社會一般好批評的人，能贊成而不發生反動嗎？

……

這六道難關，我豈是沒有想過！不過，有時以為得著最良辦法，說起大話來，就像忘了一切難題似的！

……

　　大家都認改革清華不是容易事，誰都知道是應當一點一點的謹慎著作的，不是一時半時，一年兩年，能根本改革的。然說些慎重話，不去想方法起首作將來的計畫，於實事何益？於在校的清華學生何益？於賠款最有效率的用途何補？

……

　　在我自己一方面，最難答的，是：我的學問、道德真夠作這事遠大的計畫者嗎？

　　自己不敢自信，自己的淺薄，不待別人指出來，自知痛恨！然而處於此地位，就當盡自己應盡的責，不敢敷衍，不敢偷安。惟有這樣自勵自慰罷了！

11 月 26 日

　　默述而八章。

　　發憤忘食，樂以忘憂，不知老之將至。

　　亡而為有，虛而為盈，約而為泰，難乎有恆矣！

　　不論別人如何待我，我永遠存「以善養人」心！

　　有過自認，有義必爭——效力將來必可見出。

……

　　到清華後嘗試第一次難事，要處得平坦光明！大方不亂！

11 月 27 日

　　默述而四章。

　　夜間因小孩哭，沒有睡好。

今早因衣服破，怨 W 不能理家事！

不能吃苦！——口頭說著好聽，到稍有不適意的時候，就怨天尤人起來了！終是弱者！

……

弱者！懦小無用的東西！只會說大話，取小巧！

昨天把新意見交給曹看。

學生一方面可以敷衍下去了，董事會和外交部一定難通過。

曹的十八年大計畫還沒通過，現在又出來一種新花樣，他們那能懂得？

在清華恐怕不能長久！

如果不能被董、外通過，明年新生依樣招入，那末，我是辭不辭？

今天先擬在校學生課程。

清華是一個難題，不是容易事。

錢又充足，我不願意作，還有許多人喝想的了不得！

不要忘了，曹對我的信心不是很大的！早他就有意找全來作。

並且他有十八年計畫的體面。如果被我改了，他不是臉上難看！

……

中學課程班惟有先用去年的材料。

……

在這各種忙中，每夜又睡不好！

這正是嘗試你能否吃真苦！

11 月 28 日

現在三面受敵，是今年到清華後最難境遇。

清華學生、校長、教員，都不免誤解。是我好名過勝，他們稍有誤解，我就覺著不痛快，以為他們有輕看我的意思。

如果能靜下氣去，這是生命莫好的經驗。

……

小孩氣！有人說好，就高起興來，有人懷疑，就不高興了！

……

默述而七章。（本篇完。）

「君子坦蕩蕩，小人長戚戚！」

（李註）「坦然蕩蕩，心廣體胖也；曰長戚戚，患得患失也。」

……

「丘也幸，苟有過，人必知之。」

有過，人知之，是可幸的事。怕他被人知，是小器了。

……

一、坦蕩蕩。

二、幸，苟有過，人必知之。

三、不厭，不倦。

「為之不厭，誨人不倦。」

（李註）「不厭不倦，非己聖仁者，不能如此至誠無息也。」

我天性薄，很易厭倦！工夫惟有從至誠、無息作

起。不怕失敗，只怕不真誠。

......

處難，然後人格感化力才可見出。然後自己的短處也特別露在外面！

惟看自己操持力如何。

如果小事上有把握，將來在大事上可有為。現在在小事上，已經恐慌的了不得，將來那會有作大事的機會？

......

11 月 29 日

默泰伯七章。五章記曾子的言行。

「以能問於不能，以多問於寡，有若無，實若虛，犯而不校，昔者吾友嘗從事於斯矣。」

這樣真是遠大的工夫！

......

今早醒來，慮同人中有說我壞話的，在曹耳邊弄是非。

有過自認，有義必爭。別人如何，不要猜疑。

......

曹不肯直說，然而他覺著我反的太快了！將說好高二可留校一年或二年，現在因學生的攻擊，又轉到使全體在大一後出洋了。這樣辦法，不只於不比他擬的十八年計畫省錢，還要比牠費錢。

如果我若非此不可，他惟有辭職，或我離校。

總要替他想，他在董事會和外交部的地位。外交部

只要省錢，就算曹的好成績，教育不教育，道德不道德，他們一概不懂！

我是取與曹勉強合作態度？還是取非此不可態度？

存心要清明——中國領袖人才的養成。

步驟要大方——不迫，不延，望心服，期成功。

……

下午一時。

早晨同曹談，他能了解我的新建議。

如何在外交部立案是下一個難題。

他是同外交部作官樣接洽的人，然而讓外交部管轄教育根本是不對的。改組董事會後，無論如何，外交部不能有如現在這樣大權。

曹能納我的意見，先生學生同否相容？只要大方針可擬定，細目就可從緩改革了。

清華新方針的成功要十年後再看！

……

惟一可靠的工具是個人的人格力！

得著曹的同意後，我覺著痛快許多。心神安靜多了！然而這正是不能容事的鐵證！

稍有得意事，就喜歡起來。稍有不順適，就愁悶起來，……小孩的度量，那能成大事？

「有終身之憂，無一朝之患」；有一生行道的長樂，無一時「不虞之譽」的小快活！

總之，要有長憂長樂，不要因小節容易動情。

……

坦蕩蕩！

　　目標：一九三三，清華大學在全國教育上的地位，和新畢業生的貢獻。

　　大方針既有一時的規定，下一步要注意詳細的步驟，使得改革真實的效果。

　　上面寫的大志願不許同別人講，自己暗地用工夫！自問學問道德夠成這樣大事業的資格嗎？惟有努力長進！

11 月 30 日

　　默泰伯五章。

　　今天起晚，不能多作自修工夫。

　　「如有周公之才美，使驕且吝，其餘不足觀也已！」

　　（李註）「驕，其長也；吝，其長不以與人也。」

　　今天戒驕吝！

12 月 1 日

不只敷衍一時，作一時的鄉愿。擬課程不只顧到現在學生所要求，要注意他們應當有的。

今早接續委員會會議。

12 月 3 日

昨天沒讀書，亦沒寫日記。

辦理與學生接洽事，因少經驗，恐引起一場風潮。昨天學生會開會不知結果如何？

在我應當依然蕩蕩，作十年後想。此地去留，不過所可得經驗之一，藉以增長十年後作事的能力。

此地師生對待的態度不是一兩天養成的，所以一兩天不能消滅。

……

昨天一想作戲，就忽略修養了！在紐約亦是如此。要特別小心！

12 月 6 日

三日晚車赴津。志摩同行。夜談至二時許。

四日午飯在君家。適之自南來。同座有林長民、志摩。下午演講「中國戲劇」，天津婦女會，美國人居多。

五日早車到京，下午研究班。

同志摩說下大話，戲劇怕逃不開！

……

今天下午教職會議，課程委員會第二次報告。

容眾──這是我小的限制！要大方容眾。

……

讀子罕四章。

「子絕四：*毋意、毋必、毋固、毋我。*」

（李註）「*寂然不動，感而遂通，何意？*」

12 月 7 日

默子罕六章。

顏淵喟然歎曰……一個教員的全人都在這幾句話裡！

昨天在教職員會通過二次報告前半。

成功與失敗還在將來！

新月夜裡不睡，W 不能支持。今天可訪醫生，問有什麼方法？家事不應不問。

給趙元任送電報。

給邱振中寫信。

清理財政。

……

12 月 9 日

默子罕十章。

「*吾未見好德如好色者也。*」

B 前天在京，見我有愁態，戒我這句話。完全看自己的誠意如何。

「*苗而不秀者有矣夫！秀而不實者有矣夫！*」

（李註）「*苗而不秀，中塗而止也；秀而不實，垂*

成而廢也。」

「譬如為山，未成一簣，止，吾止也；譬如平地，雖覆一簣，進，吾往也。」

（李註）「言學者垂成而廢，則前功盡棄，苟能日新，則積少成多，其罪其功皆在於我，更以誘誰？」

……

前星期心神不整，容易被外力動搖。

戲劇是才氣的，所以容易使人自矜！

學校學生反動漸漸露出來。他們怕我專制的態度拿出來。

他們造出我是蹂躪學生自由言論的！少數要認為學生公敵了！

學生會有人彈劾周刊編輯，因為他把稿件送來我看。這是間接同我為難！我應如何對待？

惟有大方對待。有過自認，有義必爭。

自從昨天聽見以後，很覺不痛快！實在是小事！與十年後有什麼關係？

他們無論如何誤解，我的態度要始終如一。現在不能懂，十年後再去懂去。

……

膽小！

因為膽小，好虛榮，才鬧出事來！

師生猜疑，亦必須改革的！開誠布公，無論什麼事，不要以力，要以理——如果不能那樣，計畫是絕對產不出的！學校生活不應變成「政治」生活！

……

只認清華新政策的成功，不管本身的利害和地盤！

在此地的成功失敗，在自己的道德學問，不怨天，亦不尤人！

「反求諸己」。「為仁由己」。

……

既必須要專心致志，恐怕不能同時照顧戲劇。要早同志摩聲明。

……

被幾個學生給困住，還算有什麼本領？

……

B 的毅力！如果失敗，他如何會看得起我？

不要被愁事，害精神和身體。

精神，天天有修養工夫。身體，寢食運動，不應忽略！

12 月 10 日

默完子罕篇。

「知者不惑，仁者不憂，勇者不懼。」

「可與共學，未可與適道，可與適道，未可與立，可與立，未可與權。」

（李註）「共學則同術，適道則履正，立則不拔，而必終之以權，然後張弛常變，無往不宜，而學全矣。」

一夜不能睡好。W 疲勞過甚，恐將不能支持。新月常夜哭。

夜裡不得休息，白天精神一定容易生厭煩。能堅持

寧靜，就好了！

自己不許生病！

……

晚飯後。

下午同曹步行一點多鐘。

明天董事會開會，所以談到改良方針進行的步驟。

曹對我所擬的，只作口頭上的贊同！

他還是向前進行他「十八年大計畫」。他對於我所提出的，只作口頭上的贊同。經濟方面是他最注意的。

他對於招生問題，如果今年能敷衍過去，等明年再改。我堅持新生不能從中學年齡按以往的制度招去。他說，無論如何，新生是必須招的，不招中學生，大學必須招生。

他述說外交部裡的學務處關某說：

To have the president appointed by Presidential Mandate is to kill the presidency, & to build up a Univ. is to kill T. H.!

第一層怕大總統用私人，第二層怕改大學後，教育部要來爭權！

「外交系」不願舍開管轄權！不要作夢！在「外交系」下弄幾年舒服飯吃倒可以辦到，想要根本改造是萬萬不能的！

不要閉著眼說空話！

清華根本改造是萬萬不能的！

在此地想休息幾年，以後再作道理，是可能的。內部不過盡所能為的作去。

然而作了下去，好的光陰快快飛過！再要作難事，沒有那樣力量了。

曹是外交部的人，他們有人想我是多少與教育部有關係的。一定有人勸曹不要太被教育界的人所支配！

他們不願意加入改進社亦恐怕有一點這樣心理在內。

......

外交部怕的是學生去搞亂，他們眼裡沒有一群教書走狗！

外交部所怕的是學生們同他們去搞亂。敷衍一般學生是曹下手時第一段。現在他對學生還是很注意！

給學生想最好方法讓他們得利益，這是保守地位的公式！

有一個學者在此地，不過充門面。主權還是在「外交系」。

然而在各種政治勢力之下，外交系較比起來還算是懂一點道理的。如果要在北京作事，寧在「外交系」之下，不在教育部之下！

......

最要緊的是多與學生接洽。

定出一定接洽的時間和地點。

我的志向：是幫助青年將來改造中國，在此地如果有機會就在此地作，沒有機會就到別處去。

與學生常有接洽，是最好改革的工夫！

影響他們亦是教育切實的工作。

......

不想收速效，能讓學生心服！

下年自己可教一班書。（？）

雖然在各種弊病之下，教育事業還有很可作的機會。

如有餘力為自己求學問。

有餘力，造就學問。

世界不是一天可改好的！

……

本星四在大會報告：

（一）改革是一步一步慢慢作的！

（二）最要緊的課程是師生和同學互相磋磨的共同生活。

（三）最低兩年級入校前的教育經驗。這樣事實是必須有的。

（四）師生間不要有對待態度，各事開誠布公。委員會致謝各人和各級送來的意見。

……

不要忙，能容眾！

不要忙！對同人能容眾！對學生能誠意指導他們求學的正途。

……

然而小心不要被舒服生活所引誘！

堅苦卓絕的人格是痛苦艱難中產出的！

然而不要被環境支配！

……

現在可讀書，五年後可再出洋，這是在此地最大的

引誘！

絕不妄想校長作！校長是一定作無成功的。這一層要看得清清楚楚！

校長，一定不要作！

安心本職，很有影響青年的機會。

五年後再說後話。那時小孩都稍大，動地位亦可無大防礙。

……

取助曹態度，以人格感動。

12 月 11 日

患得患失，畏首畏尾，那就終身不能得安靜了！

坦蕩蕩！

經驗是積少成多的，緩急並用！所以處事那是容易的？

……

默先進十章。

12 月 12 日

默先進十二章。

早起後才知道夜裡大雪！

吃過早飯，出去走看雪景。

登迎春園小丘，為小詩：

要登得高，要望得遠，那怕寂寞，那怕風拍？

……

昨天志摩來信，他因為母親病又回硤石，北來至早

要到半月後。

他期望我作的很多，但是我枯乾遲鈍的頭腦那能產出鮮明華美的花菓？

用筆，是我感大苦的努力！為什麼這樣？

想在思想界裡過生活，文字是必須的工具。只於能用口不能用筆，所收效不能遠，不能久！

想筆下敏利，必須多讀書，多練習，並且還要名人的指教。

我對於自己的長進，比對於學校的前途，恐怕熱烈的多。

昨天曹從董事會回來，說大學有希望早成。讓我擬預算。

董事會根據於輿論、勢力或理解？牠有遠見嗎？遇著真有事的時候，他們一定不可靠！

……

沒有好的董事會，不能實行什麼遠大計畫！

……

明年四月前定去留。

新大學不能我自己擔任！勞死亦不能成功。第一步，各種計畫請曹負責。我只出主意，定奪在他。

第二步，必須得著一些有學問而熱心教育的教授。新空氣是由他們產出的。

然而在起首前，擬定細則，試一試董事會是否有誠意。

曹說董事會改組不肯加入教育家，他們怕教育界把權奪了去！這清清楚楚是一些膽小人的動作！自己知道

地位不牢靠，所以怕加入內行人。這樣的董事會配掌學
校大權嗎？

　　我要在明年四月前定去留，定意前許細考慮此地有
否作事的機會。如果根柢是貪權、謀利、無遠見的，在
校無論如何出力，結果亦是沒有的！

　　無惑乎，以往的人對於清華前途有最大的存疑！

⋯⋯

　　今天下午師大講演。只於說些空話，將來有什麼效
果？想方法不要白費力。

12 月 13 日

　　默完先進篇。

　　昨晚休息很好。

　　今天同曹先生討論大學預算事。

　　氣勿暴！持遠大之猷在自己胸中！

12 月 14 日

　　默顏淵首四章。

　　「克己復禮。」

　　「出門如見大賓，使民如承大祭，己所不欲，勿施
於人，在邦無怨，在家無怨。」

　　「仁者其言也訒。」

　　「君子不憂不懼⋯⋯內省不疚，夫何憂何懼？」

　　敬、恕。

⋯⋯

　　昨天在大禮堂介紹蔣夢麟，言詞不敬！

晚在 C. C. C. 會，不給捐款委員會李大夫情面。

同余談，露出不滿意同人態度！

這總總讓慚愧無法援救！

……

學問，道德都太淺了！

假冒，常久，人一定看得出！

終身大失敗——是自己的失敗，不能怨人！

12 月 15 日

默顏淵四章。

「君子敬而無失，與人恭而有禮，四海之內皆兄弟也。」

……

昨天同幾個學生談董事會事，有建議。內容分兩層：

前提：

（一）十八年後清華地位如何？

（二）想常久必須辦大學。

（三）大學必不能使學生全數出洋。

辦法：

（一）基金董事會（仍在外交部）。

（二）清華大學董事會

（三）選派留美董事會

後二者有獨立政策的權，基金董事只管錢。

在座的有余、蔡、戴、陳達及六個學生。

防嫌疑不要過用力。（恐怕他們以為我太理想或

為私！）

有機會同曹談。

……

余有政治性味！他的話，要小心分析！

……

真成功在能誠！為中國將來的人才！

誠意為青年，不圖自己的名利！

12 月 16 日

默顏淵十一章。

「子張問政，子曰，居之不倦，行之以忠。」

「政者正也，子帥以正，孰敢不正？」

「子為政焉用殺？子欲善而民善矣，君子之德風，小人之德草，草上之風必偃。」

作領袖的方法，不外乎此。

……

自從與志摩談後，對於文學興趣復然。

昨日聚餐會，我沒進城去。

「新月社」的戲稿當於志摩不在此地的時候，恐不能有成。

我對於 "Undine" 亦有懷疑。牠不是中國東西，與我們生活經驗相隔太遠了。一切服裝要仿歐洲中世紀。費力又有什麼根本的用處？

志摩是富於文辭的，他讀中國書不少，性又近於字的運用。

我的大問題是乾燥！字句不夠用！

現在讀 R. Rolland's *Tolstoy*，T 對於平民的字句是能欣賞利用的。

又想前幾年讀 Synge 的時候，亦曾想過現在中國文人所提倡的白話還是文人的白話，古書裡的白話，不是人民間的活話。如何可以運用民間的活話？得著這個妙訣，中國真的新文學就要出現了！

文字的工具自然重要，然而文學出品的根柢還在個人經驗的深切、廣博。這是天生給的生活力。膽小的人，容易得滿足的人，在現在大活動的世界裡，是得不著地位的！

作別人不敢作的事，到別人不敢到的地方，得別人不敢得的經驗！

……

咳！我現在在此地苟且偷安下去了嗎？

在死之前，可以做些什麼動天動地的事？

清華大計劃是我的特長嗎？

我愛文字發表的出產，我禁不住的愛牠，然而我肯為牠作下十年的預備，十年世人看不見的預備！

聚餐會的諸位都有過成績的。適之訑訑不可近的態度，特別使我生氣！

我作我的工夫，一定要比這些小孩子們看得遠，覺的痛深！

大話說在這裡！如何去作工夫？

看得到，不敢作！膽小！弱者！

今天寫信：志摩、振中 ✓、北大哲學系同學會 ✓、伯明太太。

12 月 17 日

讀 J. M. Murry's *The Problem of Style*，內有些活句子：

"Of more than ordinary sensibility."

"Keen and precise sensuous perception."

"Crystallization."

"Victory over language!"

……

默顏淵一章：子張問達。

默李恕谷的論語傳註，顏淵一章。

「質直而好義，察言而觀色，慮以下人，在邦必達，在家必達。」

……

活語言是從生活經驗得來的，

（一）必須是本國現代人用的。

（二）必須與本國以往的語言有繼續的血脈。

（三）必須是個人勝過文字的痕跡。真正用個人情感力降服牠。這是個人的創造。

……

沒有一時代的活語言，力量不能久遠。

能征服文字，是思想與情感的試金石。

……

作文，作字，在熟悉以往大力偉人工作之前，不要妄想創造。

12月18日

讀墨利的文格問題。對於文學作品的心理說的很透徹。

默顏淵末四章。

「先事後得，……攻其惡無攻人之惡，……」

「愛人……知人。」

12月19日

默子路九章。

「子路問政，子曰，先之，勞之。請益，曰，無倦。」

「先有司，赦小過，舉賢才。」

「其身正，不令而行，其身不正，雖令不從。」

……

今天研究班。

本學期還有以下幾次：

十二月十九日、廿六日，一月九日、十六日、廿三日。

共約五次。

今年講完標準，下學期再講實用。

一年效果，不能有很多。

……

12月20日

默子路七章。

「子曰，苟有用我者，期月而已可也，三年而成。」

（期月，周一年之月也。）

「葉公問政，子曰，近者說，遠者來。」

……

恭、寬、信、敏、惠──作事的人格！

先之，勞之，無倦！

12 月 21 日

默一章：

「無欲速，無見小利。」

昨天教職員會討論課程科目。

「科學教員暑期研究會」要我作 Director。

「無欲速」，有為在十年後！

先有司，赦小過，舉賢才。

12 月 22 日

昨天讀梁任公編顏、李的講義，大被感動！

今早讀墨利「文格中心問題」一章。

我在英文方面較比本國文讀的書多。

看過不能記，所以用字的時候，求之不得了！

弱於記憶。

12 月 23 日

默子路末十三章。

孔子真神智！

「子貢問曰，鄉人皆好之何如？子曰，未可也。鄉
人皆惡之何如？子曰，未可也，不如鄉人之善者好之，

其不善者惡之。」

（朱註）「善者好之而惡者不惡，則必其有苟合之行；惡者惡之而善者不好，則必其無可好之實。」

「君子泰而不驕，小人驕而不泰。」

（李註）「君子無眾寡無小大無敢慢，何其舒泰，而安得驕，小人矜己傲物，惟恐失尊，何其驕侈，而安得泰。」

……

昨天早晨痛斥新生代表以不應爭利。

或用氣太過，然清華向來患得患失的辦事人不敢責青年以大義。

然而自己要小心，責人惟可以誠，為愛人而責人，自然無愧；稍有不誠，不能心安。

……

在清華為作事，不為地位！

如果大家都願作的事，你作有什麼稀奇？安逸的環境是人格的硬敵。

……

有機會想同學生講：

（一）勇敢與個人。

（二）學校與社會。

（三）犧牲與成功。

被現在利益捆綁住，精神必不得自由發展。

……

「居處恭，執事敬，與人忠」，

「得志與民由之，不得志獨行其道。」

鍛鍊，在我能否完全看破名利？

節操，貧窮，服從——作現代的和尚亦要這三樣。

……

如果因義離開清華，不要依靠 B！必須自創自己一生的大業。

合作同誰都可以，依靠是自殺！

……

四惡：傲、怠、偽、貪！

五好：恭、寬、信、敏、惠。

德學能否影響一時代？

虛心預備！

自大一定失敗！

……

朱敏章譯的，我許他登在某種報上，過了一個月還沒看！怠！

12 月 25 日

默憲問四章。

「士而懷居，不足以為士矣。」

知識人才的職務，就是能看輕利祿。

「邦有道，危言危行；邦無道，危行言孫。……有德者必有言，有言者不必有德；仁者必有勇，勇者不必有仁。」

這兩章應合在一起讀。

……

（一）作事為人看，自己無一定的主張。

（二）可懶的就想敷衍，不能堅忍。

（三）只顧自己德學的長進，存心未必完全清明。

（李註）「內有存養心性，如承賓祭之功，外有萬物一號立人達人之事。」（註：克代怨欲不行焉。）

這內外功夫，可以治我的三病。

……

廿三日進城，午飯高仁山請，在太平湖。

下午改進社周年紀念會，不大精神。

又訪劉大鈞。

晚同月涵到開明看楊小樓、朱琴心的陳圓圓，編的演的都不好。夜宿勉仲處。

廿四日，午飯，孟和在東興樓。談到清華問題，和他家中母妻不睦的情折。

飯後訪通伯、西林、周鯁生等住處。

「太平洋」雜誌的辦公室在這裡。

我到通伯書房看他的書籍，英文、法文、德文的書都有。中文書裡有太白、東坡等集子外，一部文選翻閱的很舊。

通伯、西林，亦是中文有根柢的人。舊的文學完全不通，那能希望寫好白話？

然而研究舊文學，用什麼方法？用多少時間？在百忙中能否抽出許多讀書識字的工夫？

在城裡買著一本梁任公的「陶淵明」，今天讀牠。

任公是 Lyricist，他所寫的東西，無論是文、史、記遊，都是他個人情感同思想的自傳。

這個解釋是從讀 Murry's *The Problem of Style* 引

起的。

他口裡讚揚客觀的科學方法，然而實行起來，他是主觀以外無材料。

情感、思想，都很靈敏，記憶又豐富，所以他一生的著作同行為，都是他浪漫的人格的反動。

能這樣包括萬有，實在是過渡時代莫好的代表人物。從研究梁上，可以明白近三十年來一大部分的時代心理。

他還在那裡「自強不息」，情感觸動時，還能下筆數十萬言！亦可謂天才了！

志摩說梁是 Journalist par excellence。（他這話是他自己不是，我不知道。）我看梁的投機方面是新聞家，他的情感實有詩人的豐富，可惜「概念力」conceptual power 不甚發達。他的主意時長變更，亦是因為這個緣故。

Murry！

……

新月還是常哭，消化還是不好。大概是食物不合。

W 非常勞，我又懶於幫忙，如同現節的禮物拜年片等亦要她作。

我真不喜歡作這些小「夠當」！

然而不要錯想了，以為自己清高！懶罷了！

懶！

……

今天應作：

（一）讀朱敏章譯稿。

（二）與學生趙文應等談話。（這件作過）

（三）答信。寫拜年片。

這二件（一、三）直到今天還沒作！（十二月卅日）

雖然知道應作的是這些，然而興趣是在先讀完「陶淵明」！

興趣在先，還是責任在先？

情感富的，離開興趣不能生活；責任心強的，不作自己認為應作的，於良心不安。

自已懶，說些空話，毫無效果！弱者多話，可憐！

作教育事業——引導青年——興趣要緊？還是責任要緊？

最好是使興趣有恆，自然良心亦安，作事亦不至一時高興，一時志衰。

無論什麼事業，都應如此。

不要想作教育事業失敗，可以改作文學事業。為人的道理是一樣的！

……

想到什麼，立刻行出來！

我是弱者！

不要為自己造解釋！

所有認為責任的，我就不高興去作！

這大概是小時候教育得了來的壞習慣？還是我天生是弱者？

能作一時不高興作的事——這是 Puritan 的訓練。

只於作一時高興的事，這是小詩人的性格。

能得著永遠有興趣的一個目標，自己認為應作的，亦就是自己立刻最樂意作的，——這是很少數有成績而長蕩蕩的大德大智所可能的！

……

不朽！

幻夢！

將來的人，有他們的經驗，有他們的感想。

誰能確定後世能了解我生命的成功和失敗？

為取悅將來與為取悅現在，又有何別？

惟有一己擇定生命最滿足的「真」，為他去生活，這是惟一可得的快樂！「真」字是從讀「陶淵明」得來的。

這個「真」必須自己去選擇。

注意了解現代的人，不顧現代人來了解我。

幻夢！

醒來！

……

12 月 26 日

默憲問九章。

「愛之，能勿勞乎？忠焉，能勿誨乎？」

愛，是愛民。勞，是「先之，勞之」的意思。

忠，是忠於民。誨，是「誨而不倦」。

這兩句與子路問政一章互相發明。

……

「君子而不仁者有矣夫，未有小人而仁者也。」

......

　　新月夜哭，W一夜不能睡，易動氣！

......

　　昨晚同月涵談，他說，在清華，學得比以先「滑」的多了！競平亦有一樣的話！

　　然而清華就不能處了嗎？

　　梅說，如果曹若久在，他要他去；他同曹精神上不能同處。

12月27日

　　默憲問若干章。

　　「夫子欲寡其過而未能也。」

　　「其言之不怍，則為之也難。」

　　（李註）「有為，其沉毅乎？」

......

　　昨天有人藝劇專學生來找。我說，不能出名。

......

　　「小不忍則亂大謀。」

　　「不忍於一人者小，不忍於天下者大！」

　　今天計畫清華將來大謀的可能否。

......

　　下午一點二十分。

　　早晨讀「英文導報」（十二月廿二日）載上海美國大學會對於清華改組的意見。裡面還Shurman和Arnold的信。

　　他們批評的沒有什麼新奇，不過他們的方法是用美

國人的勢力督催改組。

看完後，我有一種猜疑：怕是上海幾個朋友為余日章作預備。（？）

他們不能看分大學和選派留學。

他們在董事會裡要中美合組。

如果按照我的計畫，董事會分三部。

賠款管理和選派留學裡面有一兩個美國人，還沒有什麼害處。大學董事裡一定不能要美國人。

我所主張的分部必要早宣布出去。

想要掌權的人注意，必須把意見寫出來，有機會再設法找他們作個人的談話。

身分、學問、聲望，夠的時候，自然人來找你，不待你去找人。

將來大學一定要他成為教育事業，研究學問的機關，絕不能讓他變成青年會的事業。

……

我如果出頭，人要疑惑我為自己謀將來大學校長的地位。

然而若沒有根本解決的辦法，現在學校前進的計畫就不能擬定。

……

至於將來大學校長又是一問題。

……

我自己性格，作什麼事最合宜？

教育事業是擇定的！

作文藝上的生活，還是作辦事的生活？

文藝上，我有興趣，然而根柢太淺，讀過的書太少，並且記憶不強，讀過的字句，不多時就要忘記。

在辦事上，性情不能持久，不能耐難。

無論文藝或辦事，本國的文字，本國的情形，必須有牢靠的根基。

⋯⋯

一時的感觸，要精詳的考慮一度，再定方針。

12 月 30 日

默憲問十章。

「君子恥其言之過其行。」

前兩天在京同 B、午晴、月涵談，說了許多過於行的話！說著好聽，把自己「吹」的頂神智，頂仁德！其實免不了患得患失的私心！少不了怕人奪我的地盤！「危行言孫」，「多做事，少講話。」

多作事，少說話。

⋯⋯

「仁者不憂，知者不惑，勇者不懼。」

「不怨天，不尤人，下學而上達，知我者，其天乎？」

修養能到這兩層，亦就可以無為而治了！

下學上達。

⋯⋯

「子貢方人，子曰，賜也賢乎哉？夫我則不暇。」

批評人，揣測人，不如用那些時候作自己研究學問，修養道德的工夫。

　　古之學者為己。

……

　　「不逆詐，不憶不信，抑亦先覺者，是賢乎？」

　　作到這步真不容易！

　　如何可以勉勵向這個賢明的態度上走？

　　如果能不患得失，自然逆億的動機可以減少許多。

　　不患得失！

　　如何可以不患得失？

　　清華的地位太舒服，所以人都渴望這個地盤。

　　亦許因為我渴望，所以容易逆億別人有我同樣的渴望！

　　然而清華真有大可為的機會嗎？

　　按現在看，實在不像有很大機會。如果能根本改造，再得些同志的學者，將來或有可觀。

　　如果我所分析的都不錯，然而能實行出來，是在我力量的可能嗎？

　　我性情太傲，太急！不能與人合作，不能把自己的尊嚴藏在後面；不能等候機會，不能作一時的容忍！

　　太傲，太急！

　　李：「小人矜己傲物，惟恐失尊！」

　　李恕谷說：「潔士不可大用，以其如鮮花，不奈風塵也；烈士不可大用，以其如利刃，不耐拙拆也。」

　　只為地位設想，就沒工夫作真教育的事業了！

　　真教育事業是什麼？

　　為新國新族造領袖人才。

　　為新國造人才！

如何造去？

最要的是在個人的榜樣！

然而我自己的本領、學問、識見、為人，都夠將來領袖人物的資格嗎？

以身作則。

說到這裡，唯一的辦法，是虛下心去，求自己人格、能力、學問的長進。

多有實在的體驗——多到各處遊歷，多同各色人物交際（不要太狹小，只於南開一味的人，才願意與之為友！）不要成見結晶過早。（志摩態度很可仿。）

廣交遊！

「以文會友」。談話、書札、聘問，都當注意。

狹小最容易枯乾！

將來能貢獻南開的，也是在出南開後所得的經驗，所認識的朋友。

同人交友，很可以看出為人誠實否，能容否。

我所可交的是一般學者，一般留學界較深沉的分子。在與人交的時候，自己的學問、知識必須先有預備。有幾個美國人，亦在可交之數。

對於傳教士，亦不必守過尊嚴的態度。將來燕京搬過來後，必須有相當的聯絡。

自己真有把握，自然不怕人，不猜疑人！

......

不要看南開當作奶媽，外面遇見困難風波，就想跑回奶媽懷中哭一場！

不依靠南開！

　　自己有自己創出的新路！——這實在是造「大南開」惟一的法門！南開的人？是。然而要作南開以往的人沒有作過的事，這是幫助南開切實的發展。

　　如果稍有拙拆，就回南開請教成法；看見大波濤在前面，就想捨去職守，回到老家裡去躲避，那算有什麼本領？回到南開，誰還尊敬你？B 看你不過是一個落伍者！

……

　　無論清華作事的機會如何，十年內一定不回南開！回去，為南開，為自己，都不是妙策！

　　不應輕易捨開清華！

　　如果清華無作事的機會，在師大及改進社方面想方法。

　　自己所專門預備的是教育，生活還是在這裡討。

　　教育上的生活！

　　文學是夢！自己毫無把握。拿牠消遣，交遊，罷了！

　　在教育上作工夫，國文工具是必用的！快快起首深造！

　　國文工具。

……

　　直隸教育廳張仲蘇來信，回津時，有話談。

　　明天到天津，住兩夜，一月二日回來。

……

　　廿七日下午到京，同 B、午晴住在北京旅館兩夜，作長談。

……

晚七鐘：

在明天下午去天津之前應作的事：

（一）寫拜年片

（二）讀朱敏章譯稿。

（三）見曹，與談答上海美國大學會，及暑期科學研究會事。Gee 通知開會。

（四）與彭文應談。

（五）答步濟士信（青年會講演）。

……

在津應作事：

（一）到馬宅。

（二）與教育廳接洽。

（三）買藥。

（四）到各友家，按時間。

其實是為玩，為休息！

12 月 31 日

默完憲問。

「修己以敬，……修己以安人，……修己以安百姓。」

……

「兵」失慎。

……

有過不能改，知道又有什麼用處？

「不貳過！」自治、克己的工夫。

自己知道應作的事很多，然而力量不能作去！

不要求什麼理由，惟一方法是起首去作。

......

新年所求的，是這樣的勇敢！

不要賴前由，起首往前作。

1924 年

1 月 1 日　南開

昨天到此。

讀往年日記，得以下幾條：

（一）家裡小孩每次病，立刻影響作事的勇敢和頭續。

（二）日記上寫了許多應作的事，都沒作到。

（三）南開完全沒有我作事的機會。

（四）猜疑人過多。

（五）北京各校不如清華有機會作事。

（六）在高而舒服的地位，一定有人忌妒。要能容眾，盡心本分，不自誇，少言，果行。

（七）到清華第一年，少建議，詳審考慮，多造就自己的品行、學問。這是人格感化的莫好途徑。

（八）母親的遺訓。

1 月 2 日

昨晚南開女中演「車夫的婚姻」。

早車回校。

……

今年三戒：

（一）無欲速。

（二）為新國造人才。

（三）國文大恥。

寫了必作。

……

（定）為新月找奶媽。（未曾）

1月3日

早八點起。練習身體。步行三十分鐘。

九點早飯。飯後讀論語，寫日記。

……

在靜觀台，看圓明園遺跡，遠望燕大新樓，有感。

圓明園是外國人毀的。

在牠近處現有清華和燕京。

這兩校都因外國人的勢力建起來的。

舊的毀了，新的建起來，然而以往的主人是誰？

將來的主人又是誰？

……

「言忠信，行篤敬。」（衛靈公）

（李註）「忠，言本於心也。信，言有其物也。
篤，敦厚。敬，戒謹。」

……

如能寫出必作，一天一句足用！

1月4日

八點十分起，步行，九點十分早飯。

……

「躬自厚而薄責於人，則遠怨矣。」

……

自己是為教育來清華，後再責別人。誠！

1月5日

夜同新月睡，十至十二睡覺。

清早步行至靜觀台，紅日將出！

……

「巧言亂德，小不忍則亂大謀。」

（李註）「大謀將以建天下萬世之利也，乃有一絲之昵以牽之，一朝之忿以洩之，則亂大謀矣。」

……

夜間想到清華大學籌備會組織大綱。

昨天同曹已談到，然而未及細目。

大綱寫出交曹。

……

如何用觀察作戲劇品格的資料？

……

幻想！

籌備會二月組成，半年大學計畫擬定。

今秋同學生赴美，再渡歐，由蘇俄、西比利亞回。

約定新教員，調查大學課程及生活。

能實現嗎？

是利己的手段嗎？

1月6日

新月不應抱她，哭是因為要人抱。

……

「知及之，仁不能守之，雖得之，必失之；知及之，仁能守之，不莊以蒞之，則民不敬；知及之，仁

能守之，莊以蒞之，動之不以禮，未善也。」

　　這是為民領袖的妙訣。

　　誠心努力做工夫，為青年學生，不為本身的地位——這是我現在應注意的仁！

……

　　昨天在聚餐會，適之到，長談。

　　他們幾位都是有過文學作品的人。

　　文字的生活——適之每年平均寫二十五萬字！

……

　　讀前一週日記。

……

　　日記上寫過自戒的話，不要見第二次。

……

1月7日

　　昨天新月不抱她還是哭。今天去找奶媽。（這是前五天定，現在還沒有做！）（未曾找）

　　從昨天再讀「品格的決斷。」

　　第三章講「恆」，特別對症！

1月8日

　　讀「品格的決斷」，第四章，講勇。

……

　　每早九點到辦公室。

1月9日

讀第四章後半，論「獨純的慾望」。

想雄視一時——又不能堅忍辛苦。

想得達意的永生——又不肯作系統的工具預備。

想得十年的安靜修養——又不願享清華的安逸。

有單純的大謀者不是這樣！

單純的慾望。

雄視一時（達意的永生（工具）、十年修養（基礎））。

……

我的野心還是為自己的長進，

作中學課程研究，為的是博士學位和歐洲旅行。

任清華事，為的是美滿的環境、安逸的修學。

想造就青年，為的是同外國人爭地位，還為是自己的得好名。

能讓我用盡力量的是爭勝，這樣野心是人類前進的動機，不應自己毀罵自己。

最大惡敵是懶惰的習慣。

傲、偽、貪，是方法問題；如果他們阻礙前進，自然也應當征服他們。

……

想到就作！

……

中學課程班，下學期改到每星六上午十至十二。

……

北京近處大學有：

北大、師大、燕大，這三處是較好的。

中國的學者有幾個夠教授？

將來大學畢業生可以作那類的事？

清華大學在這個環境裡，應注意那種工作？

清華可以給多數各省的免費額。

看好安靜的環境（與燕大同），有準款。

應有遠大的計畫，不與別大學同趨勢。

1月12日

前天高內閣倒了。

顧去後，清華董事改組又要停頓。

他的改組主張仍有兩個美國人。

將來孫閣內，外交非顏即顧。

董事還有改的機會。

如何改法，可以擬出建議以備採納。

顏長外交，不知曹可為次長否？

野心造出的幻想。（第一戒）

⋯⋯

午飯約國文教員談明年課目事。

討論時，「姜」字我一時寫不出，「壞」寫為「壞」！

可恥！

「別字」未必是國文不通的證據，然而一定有人誹笑。

不管他們誹笑！自己國文不夠用，這是我知道的，別人看出，我亦不要假充深博！這樣想，大方求長進，

現在的大恥惟有忍受！

1 月 13 日

早起七點半在靜觀台看日出。

今天約麻倫同遊圓明園。

讀前兩星期日記。

1 月 16 日

早八點——靜觀台。讀「品格的決斷」第三章。

扇起野心的文章。

⋯⋯

清華的將來與燕京——以逸待勞，要早有預備。

⋯⋯

中學課程班下學期還是不改時間。（已經宣布的如此。）

1 月 17 日

今天教職員會議，下年課程已擬好。

⋯⋯

新月奶媽昨天確定。兩個星期方結束！

1 月 19 日

早同曹談約一小時。答上海美國大學會。

又談董事會改組法。

董事職務界限分清。

大學董事之產出。人：顏、范、周、胡、嚴、張

（伯）、張（福）、曹，都可。

曹說顏對胡有疑點。胡與吳佩孚通信，常有主張，吳以告顏。而顏有自己的主張，也與吳很交好，所以對胡有猜疑的地方。

曹又說顏對 B 無異議。

又說顏所以想用余日章，因為余有名望，作過幾年清華校長可以出來任教育總長。

曹自說，如果我在清華作五年校長，也可出頭作教育總長。

這是他的希望之一。（作官！不問自己的資格和預備。）

曹近來很聽我的建議。如果肯作事，惟可同他合作。一切計畫我供給，讓他去接洽。

他想作教育總長，也一定想作公使。

我的志願是為新國造人才，為十年後的預備。

還是為自己多些罷！

現在我只要有機會作事，有人聽我的計畫，我就可以安心作我十年後的預備。

預備中：

一、國文的工具——最要的。

二、多交際——。

三、多遊歷——。

1 月 20 日

昨天起首讀 G. Moore, *Confessions of A Young Man* 今天讀完。

很有膽量的一個少年。

一八八六年寫的，現在讀著還不使人生厭。

穆爾三十以後才沉下氣去作成功的工作。然而不能用他來解憂！

離找著我自己，還有幾萬里路！

將來我可以有著作嗎？不像可能！

然而作敷衍的行政又不耐煩，——不能安心如郭、B 那樣經營。

經營？藝術？

「一所自己分裂的房屋不能站立。」

別字！國文不通的太可憐了！

……

讀前一星期日記。

1 月 21 日

早登靜觀。

清華大學的特別功用：

預備留學的目標如果能改為學問的研究，清華應注意那樣功作，採取那種組織？

研究院？

可同國內各大學合作。定好問題研究，然後約請國內最博深學者，來此作一年至三年或多的研究。

特別指導自然可約各國的學者，為一定的問題作研究。

這樣作法可以與已有的各大學合作。中國的學者很有限，爭起來，各處都不能有好成效。

不過已有根基的大學未必願意加入。

那些問題是急待研究的？

研究後又有什麼用處？

……

教會大學的勢力一天一天的長大！

雖然中國人不甚願意同他們合作，可是他們有錢有人，不管中國人的態度，他們只是按計畫的發展。

這些機關是將來幫助英美開闢中國，莫好的工具。中國天產就眼看著到外國人手裡去了！

講些空的文他也有什麼用處！中國有數的幾個明白人還在那裡作夢！

清華在教會大學澎漲的潮流裡要守那種的方針？

……

不要想的過遠過大了！

不要忘自己的學問能力都太有限！

1 月 22 日

昨天因為：（一）李、陳教書不熱心，（二）譚唐星期三不進城，不能隨他的車回來，（三）周刊要我寫東西，（四）董鳳鳴要一年後的學分，（五）猜疑曹把我改好的答上海的文，又或者刪改些處，因為這些同別的小事我生起煩來。

曹是外行，不時常注意他，就作軌外的事。

夜裡睡的不好。

然而今早一個樂字湧到我的心上來。

人生要蕩蕩！

又想到無欲速。

新月吃人奶，還時常哭。

環境無論如何，不改其樂。

藝術的我容易喜，容易愁；經營的我應當常樂。

1 月 24 日

昨晚薄雪。邱振中從中州大學來，談一晚。

……

暑期科學教員研究會，我作主任，不要錢。

……

曹答，已在導報和華北明星登出。

我不要自以為得意。

將來完全無把握，難題都在將來！

……

單純的目標。讀 D. C. 第四章。

1 月 25 日

夜間想事，二至六不能睡。

辦公室——朱替鍾，月薪加廿。

得教員——電趙。四月初赴美定一九二五教員。

五月在美，六月在英，七月在歐，八月在俄，由西比利亞返。九月初到校。

此時去較下年去方便，學校事可早預備。

……

野心過烈，將來失敗時，特別難過。

不要忘，在董事會產出前，清華如同在走沙上建

設。小心！

……

　　本領有限，不夠作大事用的。這是實情！

1 月 26 日

　　朱替鍾事昨天辦好。也加薪。

　　敏捷。小有不歡喜的，不能全都照顧。

……

　　赴美聘教員事，要從緩。

　　果然為學校的發展，做了無怨言。

　　現在最要的是新大學董事的產出。

2 月 4 日

舊曆除夕。

早同 W 動怒。

她不安心照管家事，不願做耐煩的瑣事。

我雖然喜愛小孩，好家庭的安逸，如果 W 實不能同處，也應早作準備。

受過新教育的女人，都想有個人的作業，立自己的功，成自己的名，絕不安心給男子做料理家事不知名的小夠當。

對於小孩和家事不願負責。

既然如此，我不應勉強。

我自己要有獨立的力量，如果願意合作，我們合作，如果不然，無論有多大的痛苦，還是不勉強的好。

⋯⋯

女人不顧輿論，太顧輿論的都膽小，不能有大成功。

事物都有真——真是當尋的，當為的。

不要怕世人的論調。

⋯⋯

徹底的主張——這是我一生演進的趨向。

年小的時候膽小，不敢按自己的見解去作，不敢獨立，所以受許多人的侮辱。

一點一點的學得少許獨立的力量，然而言、行、信仰、決斷，都還非常幼稚，必須經過波折、鍛鍊，庶幾在四十後可以有為。

⋯⋯

不和睦，使我不安逸，這是給我鍛鍊的機會。

2月9日

假期內讀紅樓夢。（看了約三分之一）

文詞、結構、人情——真是天才的做品。

又重讀胡適之作的考證，也是很有把握的文章。

返想自己空活了三十二年，毫沒有造成可以永生的基礎；「青年一時就飛過，到年老時不過仍是一個自恃小聰明，好充假外面，辦理小事務的人！」

真的自覺！

……

新月還常哭，使 W 煩惱，以致無精神治理家事。

奶不合適，不知換奶媽能否生效。

……

明天在協和醫學講「中國人心理的變遷」。（用英文）

題目又大又空，說些無用的閒話罷了！敷衍一些美國人。

多作這一類的事，於自己真實的學問有害無益。

2月11日

夜裡大雪。

昨天在協和現醜！沒預備，到台上才想定要說的話，汎濫無秩序。說完覺得滿無趣味。

後悔了一天一夜。

是要得一般美國人的歡心嗎？

去聽的人很多，所以覺著辜負了機會，不能讓他們見到我的真本領。是嗎？

這是不小心的罪，沒想到有這許多人去聽。

怕他們有因為這一次失敗，就看不起我。

……

到清華半年來第二次放肆說錯了話。（頭一次是介紹夢麟。）

……

答應，心就是不正！要敷衍外國人。說話時又要敷衍，所以完全失真了。

如果不專心為討人好，自己也一定心安些。

2 月 12 日

下午曹派人來問，我有病沒有，到天津去了嗎。

明明是問我為什麼這幾天沒到辦公室。

我對於職務的支配稍有己意，他就要問。這是第三次了。

或者我也有露出不佩服他定的規矩的地方。

我怕是我自己不免有過於自大的時候。

我脾氣上有這樣毛病。

……

聽曹說董事部改組不過只於加入畢業生一人及教育家一人，其餘仍舊。

這是外交部敷衍！

不能希望根本改組，外交部絕不能捨離這個權利。

曹發表的主張完全無效，Peck 特別不贊成。恐怕

因為這個以後我的主張也不能為現時董事們所採納，他們自然可以知道曹的意思是我的。

董事部不能根本改組，將來是無大希望的。

……

曹說近來教職員中有批評行政的，曹叫我小心一點，待教員不可太苛求。王文顯覺著我輕看了他，恐從中作祟。

實在叫我猜疑曹對我沒有十分的信用。

……

這樣的董事會之下，不能有作為的，發表以後，不應承認，應當有表示的文字。

預備辭職。

……

如果外部勉強今年招中學生，也定要辭職。

……

為理應當如此行。

去後，自己要到什麼地方作事？

什麼地方我可以有長進的機會，可以作八年後的預備？

南開我一時不可回去。

師大有他們不能前進的難關；並且陰謀也是大有其人。

改進社的事在人為，然而影響不會遠大。

還要問自己的性格。國文不通，不能任大事，交際窄狹，不能得一般人的同情，並且脾氣驕懶！又無一特長的學問！

國文不通，冷、狹、驕、懶，無一特長的學問。

只有小小的靈滑，那能成什麼大業？

前途可嘆！

⋯⋯

自己的主張也沒有發表過，未曾為牠出過力，自己不算有主張的人。

所以沒有發表過，是因為國文不通，又懶！

現在就是定意辭去，也必須作末次的奮鬥。

自己筆力不能用，借助朱也不是上策，因為朱還要為他自己的地位留餘步。

材料是有，必須為真理作戰，不然無聲無色的去了，於事又有何益？

萬不能再懶了！再懶自己就沒有體面了！

⋯⋯

王祖廉來作英文書記替何，何作辦公室秘書。這是有一點暗示何辭職的意思。

徐不知在這裡有什麼作為？

⋯⋯

曹像似漸漸把行政的人都換自己的，手腕是很靈活了。瑞、王不知如何處置？

⋯⋯

曹諫某為農科教員，一定有門徑來的。我堅持不用，不知他想什麼方法。

⋯⋯

想利用曹恐怕不是好方法，早自醒罷！自己實是為人利用了。

還是造就自己的真本領要緊。

文筆快利是大勢力必須的工具。

有意不能達，如同沒有意思一樣。

曹還能把他用英文寫的翻到中文，我不過是一個假外面，文字上的真本領還不如曹呢。

假下去就壞了！快想法子改悔。

尋小事作。用真功夫。

貪高位，責任必重，必不能有自己求學的時光。如果真有大謀，要尋小事作，用上八年的苦工夫！作小事，不說大話。

不要被舒服環境給害了。

學士的力量就在筆上。品格固然是根柢，而文筆是必要的工具。

年歲已經三十多，不知還能作文字上的基本工夫不能。

作去必難；難後必成！

……

按這樣的計畫，最好還是教書，不作行政事。八年不作行政事。

八年不作行政上的事！

如果教書，教什麼？

教英文，同時可以研究國文。

在什麼地方？

在南開？每星期到北京來三天，教些功課，同時也多認識些人。

……

因怕，才想去後的計畫！

在定去之前，還要用全副精神作真理的奮鬥。

2 月 13 日

默論語傳註。（從今日再起）

「敬其事而後其食。」

「道不同不相為謀。」

「辭達而已矣。」

……

下午同王造時談約兩小時。

他作了一篇對於董事會改組的文章，有二、三萬字，層次非常清楚，較比起來，我的腦筋倒像過熱而糊塗了。

能有這樣達意的工具真是作事的利器。

談話時我露出火熱來，發表我不願與現在的董事部合作。如果不根本改組，我在暑假辭職。

……

曹用人不當。今早同何談，也很不滿意。

本來門外漢，一定不能作到滿人意處。

對王沒有調察就招了來，將來恐有後禍。

王是鮑諫的，更可疑。

……

徐「扶正」齋務主任，加薪四十。

外行用人失當處：王、徐。

……

現在曹是代理，將來如果改為正式校長，不能與他

合作。他的資格——學問、處事——不夠，不能把大學
作到好處。

董事會改組後，就是校長問題。

完全外行是不成功的。

還是預備辭職是上策。

不能貪著曹走後作校長。這是無聊的，也不是好
方法。

還是自己去研究學問要緊。

論學問、名望、品格、度量，我也不夠大學校長。

……

王既已定，來後我要大量對他。

他如果有政治上的野心，同人中容易看透，他如果
安分作事，惟有以大義來感動他。

大義動人，不計小節。

將來在大團體裡作事，一定有多人自己不贊成的。
惟有不顧個人的意見，只要在大體上合作，就算好了，
太苛求的必至於量小，不能容人。

2月14日

讀論語。

還到孔，可以得精神上的修養，學德上的長進。

「生而知之者上也，學而知之者次也，困而學之又
其次也，困而不學民斯為下矣。」（季氏篇）

生而知之，是天才豐俊的人；學而知之，是好學不
厭，自知用功的人；困而學之，是事到臨頭才知道學問
的要緊，然後用力求學，可以解困。困而不學，是自己

知道沒有真學問的苦處，然而不去用全力全魂晝夜求長
進，這才真是自認下流的人。

天才，我是談不到的。

自知求學，不待困迫，也不是我所能的。

如果能作到既困而即刻知求長進，按計畫用苦工
夫，那也可算是差強了！

困而學之。

……

「躬自厚而薄責於人」，少罵人，多求自己學德
的長進。

自反！

曹雖然不夠，然而我就夠嗎？

外交部有私心，然而我就毫無私心嗎？

鮑貪財小巧，然而我就不貪財不務小名嗎？

在中國的美國傳教士鬼祟用事，然而我的手段就配
得起光明正大嗎？

一般同事沒有真學問，然而我是已有學問的嗎？

2 月 16 日

「見善如不及，見不善如探湯，吾見其人矣，吾聞
其語矣；隱居以求其志，行義以達其道，吾聞其語矣，
未見其人也。」

……

不要利用學生，如果太依靠他們，將來要弄出不可
駕御的時局來。

2月17日

讀本冊日記（自一月一日）。

勉仲自京來，談師大事。我許幫師大作組織大綱的計畫。

又談清華事。月涵說：開學後再看曹的態度如何。談時，我太性急了，罵人動氣！不可放肆。

曹與鮑接近——或是曹想用鮑同學會一方的勢力。

近來清華畢業生因為董會事，與我感情不好。我來時，鮑已對曹說過壞話。

將來外交系，和近來回國清華學生的黨系，都難與之合作。

......

昨天，西山飯店，聚餐會。

大談戲劇。

我說著好聽，然而真本領有多少？

......

適之作詞選，我說要同他學作詞，他說，讀他的詞選，熟讀二、三百篇，自然會作了。是非背誦不可的。

......

明天第二學期開始。

2月18日

六言六蔽：「好仁不好學，其蔽也愚；好知不好學，其蔽也蕩；好信不好學，其蔽也賊；好真不好學，其蔽也絞；好勇不好學，其蔽也亂；好剛不好學，其蔽也狂。」

2 月 19 日

昨天 W 同僕人動怒，女僕不願再作工，男僕也辭，至月滿為止。

家庭不安，很分精神。

W 不要我干涉她用人權，又不明用人的方法。

讓她得些經驗也好，就是將來到難處，她要惱到我身上來。

自己家庭不能組織完善，那能出而組織大團體？

惟有不動小氣，作那百年大計去。有特別現象時惟有忍受。

2 月 20 日

進城，訪適之、范，談清華事。

2 月 22 日

昨天吳女僕去。

范先生來校演說，對於清華學生生活太舒服一點誠意戒勉。

第一學期開學時，我也說過這樣話，現在聽人講，我覺著我也被舒服的環境給同化了！

生於憂患，死於安樂。

……

一般市井氣的留學生在校作教職員，校風如何能好？然而有什麼方法對待他們？

如何提倡學者的態度？

校長是最要的。市井氣在上，必有市井氣在下。

我可作的，惟有自己取學者態度，不用手段而以大
義無私動人。

大義無私。

每早靜思的工夫不可間斷。

⋯⋯

本星期六可以不到天津去。

應當作自己讀書的工夫。

預備在師大本學期的講演。

⋯⋯

原想四月起身赴美，現在恐怕難作到。校事很複雜，
我走開恐於學校不利。並且我要出洋的目標是什麼？

請教員？或可。

調查外國大學組織法？應先從本國大學及需要入手
（范先生也如此想），本國的歷史地理（實際的），沒
有根柢，那能真得到大學在本國的使命。

並且一處只住兩三星期也不能得著許多觀察。

在清華大局未定之前，還是不去的好。

⋯⋯

暑假科學研究會事讓我生煩！

然而責任在身上，應如何進行？

不去管他，失敗是一定的！

能否得科學社的合作？也許無須，並時太遲了。同
月涵、夢賓計畫。

未能作到，可惜！

2 月 23 日

「色厲而內荏，譬諸小人，其猶穿窬之盜也與？」

「鄙夫可與事君也與哉？其未得之也患得之，既得之患失之，苟患失之，無所不至矣。」

色厲內荏。患得患失。

我的內心是懶！所以假。

我在清華免不掉貪位的暗念！

對於朋友也是懶貪。志摩信沒答。（用兩小時給他寫去了。）

2 月 25 日

讀上星期日記。

前兩天在家看紅樓。應作的瑣事沒作。

自己的興趣是否就是應作的？

到辦公室要忙公事。

2 月 26 日

平坦無私，自然可以不同一般人動氣。

新清華畢業生——我看輕他們，他們對我也一定不滿意。

我想的幾個清華大學籌備顧問，他們必有說我私的，只同南開和北大接近。

他們有野心來佔據清華地盤。我是他們的眼中疔，將來於我辦事上一定有礙。

王已在校，又有蔡、莊、陳，北京有鮑也很想到清華來。

近來徐有意同王聯合。

他們因為我同余、朱、梅、楊常接近，一定說我是南開系。曹在上次職員會議時同我說，「你們南開！」

……

學生不可靠，不要以為他們聽話，將來可以為什麼力。

黨系的爭。

我不小心的時候，少不了露出南開系的態度。

一有黨系的爭，將來於事不能前進，還要弄出許多猜疑意見來。

……

我也免不了有黨見，想聯合北大、南開，來同鄺戰。我早看到清華這塊肥肉，大家要搶的。畢業生，特別是近兩三年回國的，合力來要佔地盤。

曹是沒主意的人，性情倒同一般謀利的人相近。這一般也特別同他親近。

……

我所以來的成功，是因校內幾個舊人的力諫。

新的一定說我偏於舊人。

……

我是來佔地位，還是來作事？

B 也少不了地位的念頭。他有一次說，「慢慢的將來校長是你的。」

一般對我不滿意的也是這樣怕。（管他看得起！）

我若是退出，B 或有看不起我的地方。（我真想作行政的事嗎？）

此地住處實在是很大的引誘。

一想保守地位，時時防敵，生命也就真無味了。

貪位！患失！

……

近來大小孩又病，讓我不知如何是好。

心神不定，必不能有好成績。

愁了無用，慢慢的自有方法。

……

下午，同曹大談清華精神上最大的汙點。

就是錢多，貪錢。

這樣的精神，在教職員學生裡都不免，這是環境太好的過處。

他說，這個話如果他口說出，一定有人以為他借題發揮，指斥他們。

我說，我現在打下去，到不能打的時候，我就退出。

他說，不要忙，還有可為的機會。

我又對於近來回來的清華學生痛說一場，暗指鮑等，我想曹一定懂的我的意思。

曹露出很願意聽話的樣子。大概對於鮑等也是一樣的態度。

……

外交部不像很容易準學校的辦法──中學不招生，一年作大學預備。

……

昨夜沒睡好，今天很疲倦。

2 月 28 日

昨天因病師大請假。

子夏曰：「日知其所亡，月無忘其所能，可謂好學也已矣。」

「小人之過也必文。」

「君子信而後勞其民，未信則以為厲己也；信而後諫，未信則以為謗己也。」

（李註：信，謂己之德見信於君民也。）

⋯⋯

還是走大路，不要想小徑。無欲速，無見小利。坦蕩蕩然後不憂、不懼、不惑。

2 月 29 日

子貢曰：「⋯⋯夫子之得邦家者，所謂立之斯立，道之斯行，綏之斯來，動之斯和，其生也榮，其死也哀，如之何其可及也。」

李註：「言夫子為政，所過者化，所存者神，上下與天地同流。」

民國日記 30
張彭春清華日記
（1923-1924）
The Tsing Hua Diaries of Chang Peng-chun,

1923-1924

原　　著　張彭春
總 編 輯　陳新林、呂芳上
執行編輯　李佳若
封面設計　陳新林
排　　版　溫心忻、盤惠秦

出 版 者　　開源書局出版有限公司

　　　　　香港金鐘夏慤道 18 號海富中心
　　　　　1 座 26 樓 06 室
　　　　　TEL：+852-35860995

　　　　　民國歷史文化學社有限公司

　　　　　10646 台北市大安區羅斯福路三段
　　　　　　　　37 號 7 樓之 1
　　　　　TEL：+886-2-2369-6912
　　　　　FAX：+886-2-2369-6990

銷 售 處　源流成文化股份有限公司

　　　　　10646 台北市大安區羅斯福路三段
　　　　　　　　37 號 7 樓之 1
　　　　　TEL：+886-2-2369-6912
　　　　　FAX：+886-2-2369-6990

初版一刷　2020 年 3 月 31 日
定　　價　新台幣 350 元
　　　　　港　幣　90 元
　　　　　美　元　13 元
I S B N　978-988-8637-59-1
印　　刷　長達印刷有限公司
　　　　　台北市西園路二段 50 巷 4 弄 21 號
　　　　　TEL：+886-2-2304-0488